当事者たちの証言で追う

北朝鮮・拉致問題の深層

朝日新聞元ソウル特派員
鈴木拓也

朝日新聞出版

目次◇北朝鮮・拉致問題の深層

装幀　柳沼博雅
写真　朝日新聞社
（クレジットのないもの）

当事者たちの証言で追う

北朝鮮・拉致問題の深層

はじめに

2023年3月某日、週末を利用して密かに日本を出国した内閣官房の幹部は空路、東南アジアの主要都市に向かった。郊外の国際空港に到着し、入国手続きを済ませると、同行の部下とともに寄り道することなく、目的地のホテルに直行した。「大丈夫、尾行はされていない」。緊張感に包まれながら、期待と不安が頭をよぎる。これから会う人物は信用できるのか、長らく進展のない拉致《らち》問題を動かすことはできるだろうか。それでも、可能性があるならかけてみるしかない。そう決意を新たにした。

ホテルの部屋で相対したその男は、北朝鮮の朝鮮労働党関係者で、東南アジアに常駐していると自己紹介した。新型コロナウイルスの流行後、本国との行き来は途絶えたが、平壌《ピョンヤン》にいる上司とは連絡を取り合っていると言った。雑談を交わし続け、緊張がほぐれてきたところで試しに問いかけた。

「貴国に日本人はいるのでしょうか」

隣に座る部下が朝鮮語に通訳して伝えると、その男は意味深な笑みを浮かべ、返答した。部下は身を乗り出し、どことなく高揚したようだった。そして、日本語に訳した。

「そうでなければ、私がここに出て来る理由がないでしょうと、そう言っています」

日朝の「実務責任者による非公式接触」が始まった瞬間だった――。

水面下の秘密接触と岸田首相が語った決意

北朝鮮による日本人拉致は、1970年代から1980年代にかけて行われた。拉致した日本人を工作員に養成し、韓国などに送り込んでスパイ工作や扇動活動をさせるという荒唐無稽な計画から始まったとされる。脱北した工作員や帰国した被害者の証言、警察当局の捜査から、日本政府はこれまでに、被害者として17人を認定した。だが、日本政府は、このほかにも多数の日本人が連れ去られたとみている。

2002年に当時の小泉純一郎首相が訪朝し、金正日《キムジョンイル》総書記と初の日朝首脳会談に臨んだ。その結果、正日氏は拉致を認めて謝罪し、被害者5人が帰国した。だが、その後の交渉は難航し、北朝鮮は拉致問題を「解決済み」と主張するようになった。残念ながら残された被害者たちの帰国は実現していない。

私は社会部にいた2009年に拉致問題の取材を1年間担当し、その後、政治部やソウル特派員時代を通じて、この問題の取材に取り組んできた。平穏に暮らしていたごく普通の市民がある日突然、路上や海岸で暴漢に襲われ、手足を縛られ、目隠しをされた状態で抵抗できずに工作船に乗せられて国交のない「異国の地」に連れ去られた。自由を奪われ、家族や友人に自身の安否を伝えることすら許されない。理不尽極まりない蛮行であり、もし自分がそんな目に遭っていたらと想像すると、筆舌に尽くしがたい。被害者の家族が一刻も早い帰国を求めるのは当然であり、そうならなければならない。北朝鮮を説得するには、世論の後押しも不可欠だ。進展がないまま歳月は流れ、問題の風化が懸念される。マスメディアで働く者として報道を続けなければならない。そんな思いでライフワークにしてきた。

冒頭の小説の一場面のようなくだりは、私が秘密接触の現場を想像して書いたフィクションである。ただ、２０２３年3月に、内閣官房の幹部らがこれに近い行動を取ったと確信できる確度の高い情報を得ている。詳しくは後述するが、この2カ月後にも再び東南アジアの同じ場所で日朝の秘密接触があり、北朝鮮側はさらにワンランク上の地位の人間が出てきたという。それから間もない5月27日、岸田文雄首相は、東京都内で拉致被害者家族連絡会や支援団体・救う会などの主催で開催された、「全拉致被害者の即時一括帰国を求める国民大集会」であいさつに立ち、こう発言した。

「日朝間の懸案を解決し、両者が共に新しい時代を切り開いていくという観点からの私の決意を、あらゆる機会を逃さず金正恩《キムジョンウン》委員長（総書記）に伝え続けるとともに、首脳会談を早期に実現すべく、私直轄のハイレベルで協議を行っていきたいと考えております」

この発言は2日後に、北朝鮮側が意味深なメッセージを出したことにより、注目されるようになった。北朝鮮外務省の外務次官談話として、拉致問題は「解決済み」との従来の主張を繰り返しつつも、「日本が新たな決断を下すなら、朝日両国が会えない理由はない」と発表したからだ。実はこのとき、日朝の実務責任者による水面下の秘密接触が始まっていた。岸田氏の特命を受けた内閣官房の幹部や関係者が、週末を利用して極秘に東南アジアの主要都市を訪問。北朝鮮の朝鮮労働党関係者との接触を繰り返していた。私はこの話を特ダネとして、9月29日付朝日新聞朝刊の1面トップと3面で報じた。

核・ミサイル開発を進める北朝鮮

1970～1980年代を中心に、日本人を次々と拉致した北朝鮮。「金王朝」と称される独裁国家は、祖父、父から権力を継承した正恩氏の下でも核・ミサイル開発を進める。非核化を求める米国には強く反発し、「自衛権」を主張して正当化する。弾道ミサイルの性能向上を図るために、また、米国や韓国、日本を牽制するために、2022年は過去最多となる約70発もの弾道ミサイルを発射した。国連安全保障理事会は北朝鮮に対して「弾道ミサイル技術を使用した発射、核実験を行わない」などと求める決議を採択している。

だが、2023年に入ってからも、新型の大陸間弾道ミサイル（ICBM）を始め、安保理決議に違反する弾道ミサイルの発射を繰り返している。ロシア製の「イスカンデル」に似た「KN

23」など、核弾頭を搭載でき、韓国や日本の領土を射程に収める短距離弾道ミサイルは、すでに実戦配備されたとみられる。

一方で、ＩＣＢＭは開発段階にあるとされ、核弾頭の小型化や多弾頭化のために２０１７年9月以来となる7回目の核実験にいつ踏み切ってもおかしくないとされる。

正恩氏が核保有にこだわるのは、自らを頂点とする独裁体制を守るためだ。経済難が続くなかで、財政は火の車だ。戦闘機や戦車など通常兵器は旧式のままメンテナンスもままならない。核を捨てれば、米国がたちまち攻め込んで来ると恐れているのだろう。

核問題をめぐり、北朝鮮が最後に対話に臨んだのは２０１８年だった。突如、「核・ミサイル開発の凍結」を宣言し、体制保証や制裁解除を狙って当時の米国のトランプ政権との交渉に乗り出した。

だが、２０１９年2月のベトナム・ハノイでの米朝首脳会談で決裂した。正恩氏は、寧辺《ヨンビョン》にある核関連施設の廃棄を提案したが、トランプ氏は納得しなかった。濃縮ウランを製造する秘密施設の破棄を含め、完全な非核化を迫った。

正恩氏は態度を硬化させ、再び核・ミサイル開発に力を注ぐようになった。北朝鮮は、米国など敵対勢力から国を守るための「自衛的措置」と正当化するが、核不拡散条約（ＮＰＴ）を中心とする国際的な軍縮・不拡散体制への重大な挑戦だ。日本海を挟んで向き合う日本にとっては、地政学的に安全保障上の重大な脅威だ。

解決できなかった2014年の日朝合意

対話を拒み、挑発を繰り返す北朝鮮の態度は、日本人拉致問題にも影響を与えている。日朝両政府は2014年5月、スウェーデン・ストックホルムでの協議で、北朝鮮が拉致被害者らの再調査を2004年以来、10年ぶりに実施することで合意した。いわゆる「ストックホルム合意」だ。

正恩氏には、拉致問題で進展を図る見返りに、2002年の日朝平壌宣言に基づく「過去の清算」や、日本との貿易再開といった「対価」を引き出す狙いがあったのだろう。北朝鮮はストックホルム合意に基づき、2014年7月、被害者の調査などを行う特別調査委員会を設置し、日本は見返りとして、北朝鮮の事実上の在外公館でもある朝鮮総連の幹部らの往来や、北朝鮮への送金などを規制する独自制裁の一部を解除した。

だが、北朝鮮が再調査の結果として伝えてきた内容に当時の安倍政権は納得しなかった。日本政府が拉致被害者と認定する12人（帰国者5人を除く）のうち、北朝鮮が従来の立場を変えて生存を認めたのは、1978年に28歳で失踪した田中実さんのみ。田中さんの知人で、1979年に26歳で失踪した金田龍光《たつみつ》さんの生存も認めたが、2人とも帰る意思はないと主張した。安倍政権内で調査結果を受け取るかどうか検討されたが、「これでは国民の理解を得るのは難しい」（政府高官）との判断から調査結果を受け取らず、引き続き調査を求めることに決めた。国民には事実関係を伏せることにした。その後、菅、岸田政権でもこの方針は堅持され、政府はいまだに公式に認めていない。

その後、北朝鮮側から新たな生存情報が日本側に伝えられることはなかった。北朝鮮は2016年1月に4回目の核実験を強行。翌月には、「地球観測衛星」と称する弾道ミサイル1発を、北朝鮮西岸の東倉里《トンチャンリ》付近から南に向けて発射し、沖縄県先島諸島上空を通過した。

安倍政権は北朝鮮を強く批判し、ストックホルム合意に基づいて解除した独自制裁を復活。北朝鮮はこれに強く反発し、報復措置として特別調査委員会の解体を一方的に宣言した。日本人被害者や、その帰国を待ち望む家族の期待はまたも裏切られた。

自制を求める国際社会の声を無視し、核実験と弾道ミサイル発射を強行した北朝鮮に対する独自制裁の強化は、妥当な政策判断だったと言えるだろう。ただ、北朝鮮は、日本側から対話の窓口を閉ざしたと受け止めた。菅義偉官房長官は記者会見で「ストックホルム合意を破棄する考えはない。拉致問題解決のための対話は継続していきたい」と述べたが、安倍政権もこうした北朝鮮の反応は予想していた。

安倍政権は、独自制裁の復活により「拉致問題への影響は避けられない」（首相官邸スタッフ）と覚悟していた。ただ、リスクを承知で再び制裁強化に舵《かじ》を切らざるを得なかった。当時の外務省幹部は「交渉はすでに行き詰まっていた」と証言する。「成果」と言えるほどの情報を北朝鮮が出してくる可能性は低いという諦めムードもあったという。拉致問題をめぐる日朝交渉は仕切り直しどころか、当面は解決の糸口も探れない状況が続くことになった。

安倍氏は首相在任中、拉致問題を政権の最優先課題に掲げた。複数の日本政府関係者によると、ストックホルム合意に至る日朝の秘密交渉は2013年秋に始まった。拉致被害者の横田めぐみさんの両親と、めぐみさんの娘キム・ウンギョンさんとの面会が2014年3月にモンゴルのウランバートルで実現し、安倍氏は北朝鮮に対話の意思があると受け止めた。これにより、日本が制裁の一部を解除するのと引き換えに、北朝鮮が拉致問題を含めた日本人の包括的調査を行うという合意に至った。安倍氏は当時、「全面解決へ向けて第一歩となることを期待している」と語った。だが、調査開始後ほどなく、双方の思惑のズレがあらわになった。拉致被害者の報告を最優先に行うよう求める日本側に対して、北朝鮮側は戦後に日本に戻れなくなった残留日本人や在日朝鮮人の帰還事業で渡った日本人配偶者の生存確認に力を入れようとしていた。その後、伝えてきた生存情報は前述したとおり、田中実さんら2人だけだ。

問われる岸田政権の本気度

北朝鮮による拉致問題は、2002年に大きく進展した。小泉純一郎首相が訪朝して行われた日朝首脳会談で金正日総書記が拉致を認め、蓮池薫さん、蓮池(旧姓・奥土)祐木子さん、地村

拉致被害者帰国から20年を迎え、県民会館で横田めぐみさんについて語る曽我ひとみさん（左）。背景は北朝鮮から提供されためぐみさんの写真＝2022年10月15日、新潟県（北野隆一撮影）

保志さん、地村（旧姓・浜本）富貴恵さん、曽我ひとみさんの5人が帰国した。だが、その後は目立った進展がないまま、20年以上もの歳月が過ぎた。高齢化する被害者の家族には焦りや無力感が広がる。曽我ひとみさんは、一緒に拉致された母・ミヨシさんとの再会を待ち望んでいる。北朝鮮が10年ぶりの再調査を一方的に中止すると発表した際には「正直焦りを感じています。時間に限りがあると思うからです」「どんな方法でもいいので一日も早く家族を取り戻せるようにしてください」とのコメントを出した。横田めぐみさんの母・早紀江さんは「みんなが元気で帰って来てくれさえすれば、私たちは何も望むことはありません」と話した。

北朝鮮は日本人拉致を認めた２００２年以降、今度はこの問題を利用して日本政府と交渉し、困窮する経済の回復につなげる対価を引き出そうと画策してきた。一方で、新たな被害者の存在は認めようとしない。国家犯罪の真相や独裁体制下の実情が暴かれるリスクを懸念するからだろう。

拉致問題の全容はいまだに明らかになっていない。日本政府は正式に認定する17人のほかにも、被害者がいると見ている。早急に、北朝鮮との再交渉に向けた環境整備を図ってほしいが、残念ながら一向に進展が見られない。

２０１４年のストックホルム合意は事実上破綻し、対話の機運も遠のいて久しい。この間、北朝鮮は「拉致問題は解決済み」との立場を堅持し、交渉に応じない姿勢を貫いてきた。

米中対立の深まりやロシアのウクライナ侵攻など世界情勢が大きく変化するなか、北朝鮮は中ロとの関係強化を図り、非核化を求める米国との対話は拒否している。状況は10年前と比べても、一層厳しくなっている。日本国内では拉致問題が話題になる機会が減り、国民の関心も低下しているのは否めない。

この本では、北朝鮮との交渉に携わってきた外交官や政治家、北朝鮮の元高官、韓国の情報機関関係者、帰国した被害者たちの証言をもとに、日本政府が北朝鮮側に解決を働きかけ続ける拉致問題の真相を探った。これまでの日朝交渉の舞台裏や、全く動いていないようにみえる水面下の動きについても触れたい。

2023年10月23日、衆院本会議で所信表明演説を行った岸田首相は、日朝首脳会談に向けて「私直轄のハイレベルでの協議を進めてまいります」と、5カ月前から繰り返すようになったフレーズを口にした。そのうえで、「日朝双方の利益に合致し、地域の平和と安定にも大きく寄与する、日朝間の実りある関係を築いていくために、私は大局観に基づく判断をしてまいります」と踏み込んだ。「大局観に基づく判断」とは何か。その意味するところはうかがい知れないが、その決意を実行に移し、被害者の帰国につなげてほしい。

いまだに帰国を果たせない被害者の家族は高齢化し、「もうこれ以上待てない」という悲痛な声を上げる。拉致問題の解決に向けて、日本はどう取り組んでいくべきか。多くの読者が拉致問題への理解を深め、解決方法を探る一助になることを願う(肩書は当時)。

■政府が認定する拉致被害者17人

◇久米裕《ゆたか》さん（当時52歳）

1977年9月、北朝鮮工作員の指示を受けた国内の協力者によって、石川県・能登半島の宇《う》出《し》津《つ》海岸まで連れ出され、北朝鮮の工作船に乗せられて拉致された。北朝鮮は入国を否定。捜査当局は主犯格の金世鎬《キムセホ》を国際手配し、北朝鮮側に身柄の引き渡しを要求している。

◇松本京子さん（当時29歳）

1977年10月、鳥取県米子市内で、自宅から近くの編み物教室に向かって外出したまま消息を絶つ。北朝鮮は入国を否定。

◇横田めぐみさん（当時13歳）

1977年11月、新潟市でクラブ活動を終えて中学校から帰宅途中に消息を絶つ。2004年11月に開催された日朝実務者協議で、北朝鮮側はめぐみさんが1994年4月に死亡したとし、「遺骨」を提出してきた。だが、日本側の鑑定結果で、「遺骨」とされた骨の一部からはめぐみさんのものとは異なるDNAが検出された。

◇田中実さん（当時28歳）

1978年6月ごろ、欧州に向けて出国後、行方不明になった。出入りしていた神戸市内の飲食店の店主が北朝鮮に通じており、店主にだまされて出国したとされる。北朝鮮は入国を否定してきたが、2014年のストックホルム合意以降、日本政府に非公式に生存を伝えてきた。だが、帰国は実現していない。

◇田口八重子さん（当時22歳）

1978年6月ごろ、東京・高田馬場のベビーホテルに2歳の娘と1歳の息子を預けたまま行方不明に。北朝鮮側の説明では、田口さんは1984年に拉致被害者の原敕晁《ただあき》さんと結婚。1986年に原さんが病死後、すぐに自動車事故で死亡したとしているが、これを裏付ける資料等を北朝鮮は提供していない。

大韓航空機爆破事件の実行犯である金賢姫《キムヒョンヒ》元死刑囚に日本語や日本人の振る舞い方を教えた「李恩恵《リウネ》」は、田口さんと同一人物とされる。

◇市川修一さん（当時23歳）、増元るみ子さん（当時24歳）

1978年8月、鹿児島県日置郡（現・日置市）の吹上浜に2人で「夕日を見に行く」と出かけ、吹上浜のキャンプ場近くに市川さんの車を残したまま失踪。北朝鮮側は、1979年7月に

2人は結婚し、市川さんはその年の9月に、増元さんは1981年にそれぞれ心臓まひで死亡したと説明するが、裏付ける資料等は提出していない。

◇曽我ミヨシさん（当時46歳）

1978年8月、新潟県佐渡郡（現・佐渡市）の自宅から、娘の曽我ひとみさんと2人で「買い物に行く」と言って出かけたまま消息を絶つ。北朝鮮側はミヨシさんの入国を否定する。捜査当局は、拉致実行犯の北朝鮮工作員、通称キム・ミョンスクを国際手配し、北朝鮮側に身柄の引き渡しを求めているが、北朝鮮は応じていない。

◇石岡亨さん（当時22歳）

1980年5月ごろ、欧州旅行中に失踪。1988年に、北朝鮮にいる石岡さんが出した手紙が札幌市の実家に届く。手紙はポーランドの消印で、石岡さんと松木薫さん、有本恵子さんが北朝鮮に在住していると書かれていた。北朝鮮は石岡さんが88年11月にガス事故で有本さんとともに死亡したとしているが、裏付ける資料は提供していない。

◇松木薫さん（当時26歳）

1980年5月ごろ、スペイン留学中に欧州で失踪。北朝鮮は1996年8月に交通事故で死亡したとして、松木さんの「遺骨」と主張する骨を日本側に提出したが、その一部からは松木さんとは別人のDNAが検出された。

◇原敕晁さん（当時43歳）

1980年6月、大阪で暮らしていた原さんは、北朝鮮工作員の辛光洙《シングァンス》らによって宮崎市の青島海岸に連れ出され、工作船で北朝鮮に拉致された。北朝鮮は、原さんが1984年に田口八重子さんと結婚し、1986年に肝硬変で死亡したとしているが、裏付ける資料は提供していない。

◇有本恵子さん（当時23歳）

1983年7月ごろ、イギリスでの留学を終えて帰国を予定していた有本さんは、コペンハーゲンから家族への手紙を出した後に消息を絶つ。「よど号」ハイジャック事件の犯人の元妻が、北朝鮮当局と協力して有本さんを拉致したことを認める。捜査当局は、「よど号」犯の魚本（旧姓・安部）公博容疑者を国際手配するが、北朝鮮は身柄引き渡しに応じていない。北朝鮮は、有本さんが1988年にガス事故で石岡亨さんとともに死亡したと主張するが、裏付ける資料は出されていない。

〈2002年に帰国した被害者〉

◇地村保志さん（当時23歳）、富貴恵さん（当時23歳、旧姓・浜本）夫妻

1978年7月、福井県小浜市でデート中に、北朝鮮の工作船に無理やり乗せられて拉致される。翌年に北朝鮮で結婚。捜査当局は、拉致の実行犯として辛光洙容疑者を国際手配。北朝鮮は身柄の引き渡しに応じていない。

◇蓮池薫さん（当時20歳）、祐木子さん（当時22歳、旧姓・奥土）夫妻

1978年7月、新潟県柏崎市の海岸から、北朝鮮の工作船に無理やり乗せられて拉致される。1980年に北朝鮮で結婚。日本の捜査当局は、拉致実行犯として北朝鮮工作員の通称チェ・スンチョルら3人を国際手配。北朝鮮は身柄の引き渡しに応じていない。

◇曽我ひとみさん（当時19歳）

1978年8月に母親のミヨシさんとともに佐渡から北朝鮮に拉致される。1980年に元米兵のチャールズ・ジェンキンスさんと結婚した。

第1章 拉致の目的は工作員養成

北朝鮮はなぜ日本人を拉致したのか

北朝鮮は1970年代から1980年代にかけて、日本人を次々に拉致した。警察の捜査結果などに基づき、日本政府が認定する被害者は17人。だが、実際にどれだけの人たちが北朝鮮に連れ去られたのか、真相はつかめていない。だまされて北朝鮮に連れて行かれた人もいれば、海岸で突然に襲われて、無理やり工作船に乗せられ、連れ去られた人もいる。

「1970年代、1980年代初めまで特殊機関の一部が妄動主義、英雄主義に走ってこういうことを行ってきた」。日本人拉致を否定し続けていた北朝鮮は、2002年9月の日朝首脳会談でようやく、金正日総書記が認めて謝罪した。そして、日本人を拉致した理由を二つ挙げた。一つは「特殊機関で日本語の学習ができるようにするため」。もう一つは、「人の身分を利用して、南（韓国）に入るため」と説明した。前者は、工作員に日本語を教える教師として被害者を利用したかったということだ。後者は、日本人である被害者の身分になりすました工作員を韓国に送り込み、工作活動をさせることを意味し、「背乗り《はいの》」と呼ばれる。

朝鮮半島の北部は地下資源が豊富で、戦前の日本統治時代には重化学工業が集中していた。一方で、南部の産業は軽工業や農業が中心だった。1953年の朝鮮戦争休戦後、北朝鮮は重化学工業を優先して経済復興を進め、1970年代前半までは経済力で韓国より優位に立っていた。

だが、1970年代半ばから1980年代に韓国の経済力は急進し、南北格差が広がった。日本人拉致を繰り返したのは、経済力で逆転された北朝鮮が焦り始めていた時期だった。独裁体制を正当化するためのイデオロギー「主体思想《チュチェ》」を掲げ、南北統一を目指して対南工作活動を強めていった。その一環として、工作活動やテロ活動のために日本人を装ったスパイを韓国に送り込む狙いがあったとされる。工作員が拉致した日本人の身分に成り代わって韓国に潜入するために、または工作員に日本語や日本の風習を教えるために、隠密に日本人を連れてくる必要があった。このような極めて身勝手な計画により、日本の主権を無視した国家犯罪は繰り返されたというわけだ。

だが、2002年の日朝首脳会談後に帰国した被害者5人が日本政府に語った証言は、より衝撃的なものだった。北朝鮮による日本人拉致の当初の目的は、奇想天外で突拍子もない発想から起案されていたからだ。

2002年に帰国した被害者の蓮池薫さん・祐木子さん夫妻、地村保志さん・富貴恵さん夫妻、曽我ひとみさんへの聞き取りは、2004年に内閣官房拉致問題対策本部事務局の前身組織である内閣官房拉致被害者・家族支援室が行い、文書にまとめた。帰国後の約2年間は北朝鮮に残していた子どもたちや夫に危険が及ぶことを懸念し、日本政府にも詳細な証言を控えていた。その家族も2004年の小泉首相による再訪朝で帰国が実現し、日本で一緒に生活できるようになったことから、北朝鮮での生活ぶりや北朝鮮当局の動きなどについて詳細に証言したのだ。文書は、

5人に北朝鮮での生活ぶりや見聞きしたことを聞き取り、分析を加味した内容で構成される。当時は「極秘」とされたが、そこに記された内容の多くはすでに、この間の報道各社の報道や被害者自身が講演で語るなどして公に明かされている。さらに、ジャーナリストの有田芳生《よしふ》さんが2022年6月刊の著書『北朝鮮 拉致問題 極秘文書から見える真実』(集英社新書)で、文書の内容を詳報した。

「(帰国した被害者5人は)北朝鮮で当局の監視下、極めて限定された生活圏の中で生きてきた。そのため、他の日本人の消息や工作機関の活動等について得ることのできた情報は限定的なものに留まっているとみられる」

文書の作成担当者は留意事項を記したうえで、証言内容とその分析を綴った。ただ、限定的とは言え、帰国した被害者の証言は、日本政府が拉致問題をめぐる対北朝鮮交渉の方針を練るうえで貴重な材料となった。被害者たちが当局の監視下で、不自由な生活を強いられている実態が明らかになった。

また、そこから浮かび上がるのは、日本政府が認定する被害者以外にも多数の被害者が存在する可能性、北朝鮮の情報管理のずさんさや組織構造のゆがみ、場当たり的な対日交渉の実態などだ。実際に、5人の証言によって、5人以外の被害者は「死亡したか入国していない」という北朝鮮側の主張の嘘や矛盾が次々と露呈した。一例を挙げれば、北朝鮮が「死亡した」と主張する横田めぐみさんについての説明だ。北朝鮮は当初、死亡時期を「1993年3月」と日本側に伝

海上保安庁の巡視船の追跡を振り切り、高速で逃げる北朝鮮の不審船＝1985年、鹿児島県奄美大島の北西約320キロの東シナ海（朝日新聞社機から）

えた。ところが、蓮池さん夫妻や地村さん夫妻が「1993年以降も生存していた」と証言した。日本政府が北朝鮮側に問いただすと、すんなりと死亡日を「1994年4月」と訂正してきた。ただ、訂正した死亡日の根拠ははっきりと示されず、安否は明らかになっていない。

日本人を潜入工作員にしようとした

1978年7月、福井県小浜市でデート中に拉致された地村保志さん・富貴恵さん夫妻は、工作船で北朝鮮北東部の清津《チョンジン》に到着後、丘の上の「招待所」と呼ばれる隔離された施設で一晩過ごし、寝台列車で平壌に送られた。2人は引き離され、保志さんはまず、平壌市内の「円興里《ウォンフンリ》招待所」で1カ月間、金日成《キムイルソン》国家主席の著書や主体思想などの本を読むことを強要された。

保志さんは次に、朝鮮労働党対外連絡部に所属する平壌郊外の「順安《スナン》招待所」に移された。対外連絡部は、かつて存在した対南工作機関だ。9月ごろから朝鮮語学習をスタートさせ、11月からは蓮池薫さんとの共同生活が始まった。特に担当の教師がいるわけでもなく、独学で朝鮮語を覚えていった。当時の北朝鮮は卓球ブームが起きており、息抜きのためによく卓球をしていたという。

一方、富貴恵さんは平壌市中心部の「牡丹峰《モランボン》招待所」に送られた。最初は、映画や革命歌劇の鑑賞、革命史跡や博物館などの社会見学に連れて行かれたという。9月初めに、同じく拉致被害

■北朝鮮による拉致問題をめぐる動き

1970～80年代	北朝鮮による日本人拉致が相次ぐ
1970年3月	日航機「よど号」乗っ取り事件
1987年11月	大韓航空機爆破事件。実行犯の金賢姫元死刑囚が日本人の教育係から日本語や日本人らしいしぐさを教わったと証言
1988年3月	梶山静六・国家公安委員長が国会で「北朝鮮による拉致の疑い」に政府として初めて公式に言及
1990年9月	自民、社会両党と朝鮮労働党が国交正常化に向けた3党共同宣言に調印（金丸・田辺訪朝団）
1991年1月	日朝国交正常化交渉開始
1994年7月	北朝鮮の金日成主席が死去
1997年3月	拉致被害者家族連絡会が結成
2002年9月	日朝首脳会談で金正日総書記が拉致を認め、「5人生存8人死亡」と発表
2002年10月	被害者5人が帰国
2003年8月	北朝鮮の核問題をめぐる第1回6者協議開催
2004年5月	2回目の日朝首脳会談。被害者の家族が帰国
2006年10月	北朝鮮が初の核実験。国連安全保障理事会が制裁決議
2008年6月	日朝実務者協議（北京）で北朝鮮が拉致被害者の再調査を約束
2008年9月	北朝鮮が再調査の見合わせを通知
2011年12月	金正日総書記が死去。三男の金正恩氏を中心とする体制に移ることを宣言
2012年4月	金正恩氏が国防委員会第1委員長に就任。軍、党、国家のすべてで権力の継承を完了
2014年3月	横田めぐみさんの娘、キム・ウンギョンさんに横田さんの両親がモンゴルで面会
2014年5月	ストックホルムでの日朝政府間協議で拉致被害者らの再調査で合意
2016年1月	4度目の核実験。日本が独自制裁を強め、北朝鮮は再調査を担う特別調査委員会の解体を宣言
2018年6月	シンガポールで初の米朝首脳会談
2019年2月	ハノイで米朝首脳会談。北朝鮮の非核化協議が事実上の決裂
2023年5月	岸田文雄首相が日朝首脳会談の実現に向けて「私直轄のハイレベルで協議を行っていきたい」と表明

者の田口八重子さんとの共同生活が始まった。

「工作に使うために拉致してきたから、こちらに来た経緯、本名や生年月日は言うな」指導員からはこう命令された。当初はお互いに話しかけることを控えたが、次第に拉致された状況や日本にいる家族のことなどを打ち明けるようになったという。富貴恵さんも9月から朝鮮語の学習が始まった。

翌1979年1月、富貴恵さんは田口さんと一緒に「円興里招待所」に移った。2人は共同生活をしながら、朝鮮語を学んでいった。思想教育のために学校に通わせるという話もあったそうだが、立ち消えになったという。富貴恵さんは「金正日政治軍事大学だったのだろう」と回想している。

金正日政治軍事大学とは、平壌にある工作員養成機関のことだ。卒業生は韓国や日本、中国、欧州各国に身分を隠して潜入し、様々な工作活動に従事しているとされる。

その後、11月に保志さんと富貴恵さんは平壌市郊外の「忠龍里《チュンヨンリ》招待所」に移され、北朝鮮当局に勧められて結婚した。以降、日本への帰国が実現するまで、2人は一緒に生活し、再び引き離されるようなことはなかった。当局の指示で、保志さんは同じ招待所に住む工作員数人に日本語を教えることになった。

富貴恵さんを思想教育するために学校に入学させるという計画はなぜ、立ち消えになったのか。保志さんは、日本政府の聞き取り調査に対して、次のように証言している。

「拉致直後の1979年1月ごろ、自分たちは学校に送られて、工作員としての教育を受けるということだった。短期の訓練で日本に送り返すということかと思った。しかし、4月ごろになり、その話が突然取りやめになった。日本国内で自分たちの失踪が問題となり、工作員として使えなくなってしまったらしい」

福井県小浜市で保志さんと富貴恵さんが連れ去られた1978年7月は、新潟県柏崎市で蓮池薫さんと祐木子さんが、8月には鹿児島県日置郡（当時）で市川修一さんと増元るみ子さんが拉致されている。この3件の事件直後には、富山県高岡市で海水浴から戻る途中だった20代のカップルが複数の男に襲われる事件も起きた。

2人はさるぐつわをされるなど身体を拘束されて袋に入れられたが、たまたま近所の人が通りかかったことから犯行グループが逃走。事件は未遂に終わっている。当時の警察は捜査により、さるぐつわに使われたゴムが国内メーカー製ではないことや、2人を襲った男たちの話し方などから、犯人は日本人ではないと判断していた。警察当局では当時、この事件や3件の「アベック失踪事件」は、北朝鮮の工作機関が関与しているのではないかとの疑いを持っていた。

一方、1977年11月10日付の朝日新聞朝刊の社会面には、約2カ月前に石川県能都町（現・能登町）の宇出津海岸で失踪した東京都三鷹市役所の警備員、久米裕さんについて、次のような記事が載った。当時からすでに、失踪事案に北朝鮮の関与を疑う報道があったのだ。こうしたことはあまり知られていないが、大事なことなのでほぼ全文を紹介する。久米さんは後に、政府により拉致被害者に認定された。

《東京都三鷹市役所の警備員（民間会社）が9月中旬、突然姿を消したため、警視庁公安部などで調べたところ、この警備員はすでに、石川県・能登半島沖から、朝鮮民主主義人民共和国（北朝鮮）の工作船で密出国していた事実が9日明らかになった。この警備員は、国内で北朝鮮工作員によって懐柔されたらしく、送り出しに関係した工作補助員1人が、これまでに石川県警に逮捕されている。在日韓国人が工作されて北朝鮮に渡ったケースはこれまでにもあるが、日本人が懐柔されて渡った事実が明らかになったのは初めてで、公安当局は、強い衝撃を受けている。

この警備員は、保谷《ほうや》市内に住む久米豊《ママ》〔裕〕さん（51）。公安当局や三鷹市役所などの調べでは、久米さんはさる9月、「別れた女と復縁する」との理由で、17日から22日まで6日間の有給休暇をとり、姿を消した。

久米さんの密出国がわかったのは、朝鮮慶尚北道慶山郡出身で、東京都田無市内に住む建設会社社長A（38）の逮捕から。公安当局の調べでは、Aは9月19日、石川県鳳至《ふげし》郡能都町宇出津の海岸や同海岸近くの旅館で、不審な動きをみせた。能都署がAを任意同行して、外国人登録証の提示を求めたところ、拒んだため、外国人登録法違反（不提示）の現行犯で逮捕した。

同署が能登半島に来た目的についてAを追及したところ「相棒は海岸で急に姿が見えなくなった」などと自供した。Aのいう「相棒」についてさらに事情を聴いたところこの「相棒」とは警

蓮池さん夫妻が北朝鮮の工作員に拉致された新潟県柏崎市の中央海岸

備員の久米さんで、Aは久米さんを宇出津海岸の沖から北朝鮮の工作船に乗せたことを自供した。このためAは出入国管理令違反（密出国ほう助）の疑いで再逮捕された。また、同県警がAの自宅を同容疑で家宅捜索した結果、乱数表など工作員に必要なスパイの「七つ道具」が出てきたという。

公安当局は、久米さんがAとどういうふうに関係をもったのかはっきりつかんでいないが、Aが金貸しをしていたとの事実をつきとめており、金に困った久米さんが借りているうち、借金がふくれあがり、Aにとりこまれた、との疑いを強くしている。

警視庁や石川県警など公安当局は、なぜ日本人を北朝鮮に送り出す必要があったのか、などについても、詳しく調べているが、久米さん自身を工作員として使おうとしたのか、あるいは久米さんの密出国がわからなければ、北朝鮮の工作員が久米さんになりすまし、わが国での情報工作や韓国への密入国なども可能となるわけで、こうしたねらいから久米さんをあえて工作したのではないか、と推測している。また、Aの周辺には日本人を工作して北朝鮮へ送り出す非公然組織が存在しているとみて捜査を続けている》

日本国内の報道で方針転換

日本ではこの当時、北朝鮮が日本人を拉致したという事実を直接伝える報道はなかった。久米さんの動向を伝える記事も、工作員にそそのかされて自らの意思で北朝鮮に渡ったのではないかとの印象を与えるものだった。

だが、地村さんが日本政府に証言した内容からは、北朝鮮が当時、日本で相次ぐアベック失踪事件や久米さんに関する報道を重視していたことがうかがえる。拉致した日本人被害者を洗脳し、工作員に育て上げて日本や韓国に潜入させるという計画はあまりに無謀だということにようやく気付いたのではないかと推察される。

蓮池薫さんたちも、日本政府に同じような証言をしている。

薫さんと祐木子さんは1978年7月31日に新潟県柏崎市の中央海岸で拉致され、北朝鮮の工作船により一晩かけて清津に連れて行かれた。清津には、日本に工作員を送り込むための工作船を運用する朝鮮労働党作戦部（現・朝鮮人民軍偵察総局）の連絡所が置かれていた。清津に着いてからはそれぞれ別の招待所に送られた。薫さんは襲われた際に顔を殴られており、目のあたりが腫れ上がっていた。清津の招待所ではまず、その治療が行われ、正面と横からの証明写真も撮られたという。

薫さんは8月上旬に、平壌郊外にある平壌国際空港近くの「順安招待所」に移された。そこでは、金日成氏の生家訪問や映画鑑賞など北朝鮮という国家を理解するための「現実体験」や朝鮮語の勉強が始まった。急性肝炎にかかり、「915病院」という工作員の専用病院に2カ月ほど入院し、11月に再び順安招待所に戻された。この時に地村保志さんと出会い、1年間にわたって現実体験や朝鮮語の勉強をしながら共同生活を送った。朝鮮語は先生から教わるわけでもなく、金日成総合大学の留学生用のテキストを使って独学で覚えていったという。

　1979年11月に保志さんと別れ、平壌市内の「龍城招待所《リョンソン》」に移された。ここでは半年近く過ごし、日本語が上手で中国語も少し話すことができる工作員と身ぶり手ぶりを交えながら意思疎通を図った。一緒に食事をしたり、映画館に行ったりしたこともあったという。この工作員は「ハン」という名前で、ベトナム戦争では従軍記者をやっていたという。薫さんは日本政府にこう証言している。

「北朝鮮の工作員は2つも3つも名前を持っているので、どれが本当の名前なのかはわからない。公民として登録されている名前もよく変わるから、なおさら訳がわからない」

　1980年5月、朝鮮労働党対外情報調査部（現・朝鮮人民軍偵察総局）の拉致担当部署の「課長」が薫さんを訪ねてきた。対外情報調査部は韓国をはじめ海外での情報収集やスパイ活動、テロなどの工作活動を担い、拉致被害者が住む招待所も運営していた。課長は「一緒に来た女性と結婚しないか」と持ちかけてきた。祐木子さんのことだ。薫さんと祐木子さんは龍城招待所内にある「5号特閣」と呼ばれる、招待所よりも規模が大きく施設もホテル並みの施設で結婚式を挙げ、新婚生活に入った。

　祐木子さんは薫さんと再会し、結婚するまでの間、やはり薫さんと似たような生活を送っていた。

工作船で清津に到着すると、港の見える丘の上の招待所に連れて行かれた。そこで数日間滞在した後、同じ清津市内の豪華なホテル並みの招待所に移された。拉致されてから1カ月も立たないうちに、薫さんと同じ平壌郊外の「順安招待所」に移され、数カ月過ごした後に今度は平壌中心部の招待所に送られた。そこで指導員に引き合わされたのが増元るみ子さんだった。祐木子さんと増元さんは共同生活をしながら、朝鮮語の勉強を始めた。

その後、1979年2月ごろに2人とも平壌市中心部に近い「レンチョン招待所」に、夏には再び「順安招待所」に移り、就寝時間以外は勉強や食事も一緒にしたという。だが、2人の共同生活が長く続くことはなかった。10月下旬に引き離され、祐木子さんは平壌市郊外の「東北里《トンブクリ》招待所」で半年以上生活した後、1980年5月に龍城招待所に移り薫さんと結婚した。

北朝鮮当局はなぜ、拉致直後に薫さんと祐木子さんを引き離して別々の施設に収容したのだろうか。薫さんは結婚するまでの期間を振り返り、日本政府に対してこう証言している。

「北朝鮮は当初、我々を工作員として使おうとしていたのだろう。実際にそういう雰囲気はあったし、指導員からは『日本に行って東大生と仲良くなれ』と言われていた。自分は北朝鮮に行った当初は反抗的であり、『東大生は自分など相手にしない』と反発したり、日記に指導員の気に入らない言動を書いたりしていたので、工作員としては使えないと判断したのではないか。当初、自分たちを別々にしたのも、それぞれに朝鮮人の工作員をパートナー兼監視役としてつけて、スパイにしようとの意図があったと思う」

日記は朝鮮語の学習と称して、北朝鮮が薫さんらの考え方や思想をチェックするために書かせていたものと、日本政府は分析している。

２００２年に帰国を果たした薫さんは10年以上、北朝鮮が拉致被害者を工作員に養成しようとしていたという話には触れてこなかった。初めて公言したのは２０１６年で、各地の講演会で言及するようになった。２０１６年10月に東京都内で行われた講演では次のように語っている。

「彼らが拉致をした最初の目的は、日本人を含め世界各国から若い人を連れて行って、その特殊機関の工作員に仕立て上げようと。つまり自分たちの工作員として利用しようとして連れて行ったのです。ですから、最初に入れられたところは、そういう北朝鮮工作員の秘密アジト。教育をしたり、任務を受けたり、派遣されたりする、秘密のアジトです。その秘密アジトは社会から完全に隔離されている。鉄条網で囲まれており、警備隊が警備している。その警備隊はどちらかというと内部の人間の監視というよりも、外部から接近できないような警備体制で、その中に私もいました。（招待所内にいる）朝鮮人と私との違う点は、私は逃げる可能性があるので、招待所には食事を作る女性が必ずいた。彼女の一番の任務は監視だった。私がちょっと外に散歩に出ても付いてきた」

映画「陸軍中野学校」を鑑賞

曽我ひとみさんは、1978年8月に新潟県の佐渡で、母親のミヨシさんと一緒に拉致された。工作船に乗せられ、着いた先は蓮池さん夫妻や地村さん夫妻と同じ清津だった。そこで1泊し、汽車で平壌に移送された。平壌中心部の「牡丹峰招待所」で数日を過ごした後、平壌市内の万景台《マンギョンデ》招待所で横田めぐみさんとの共同生活が始まった。朝鮮語会話の勉強が始まり、女性指導員の付き添いで平壌市内の見学にも出かけた。

曽我さんは指導員からこう言われたという。

「これからタバコと酒が必要になるかもしれないので、できれば覚えた方がいい。いつか役に立つ時が来るだろう」

テーブルにタバコが置かれ、招待所で働く女性はしきりに喫煙を勧めた。お酒は夕食時にビールが用意されるほか、宴席の際には洋酒も提供された。指導員が「もっと下を向いて飲め」「こうすれば女性らしくなる」と飲み方の指導をしてきたという。

曽我さんに対する本格的な朝鮮語学習が始まったのは翌1979年1月、平壌市中心部の普通江《ポトンガン》区域の招待所に住むようになってからだった。習得レベルを確認するために、週2回のテストがあったという。

「とにかく朝鮮語を習って欲しい。そうすれば（工作員に）日本語も教えられる。（朝鮮半島が）統一すれば日本に帰してやる」。指導員からはしきりにこう言われた。

約半年で、今度は龍城招待所に移された。短期間に生活拠点を転々とさせられたのは、蓮池さん夫妻や地村さん夫妻の経験と類似する。この招待所では宴席の際に、映画「陸軍中野学校」を見せられたことがあったという。1966年に公開された市川雷蔵主演の日本映画だ。タイトルそのままに、戦時中の諜報・謀略活動を専門とする秘密情報工作員の養成機関を舞台にした作品である。

なぜ、このような映画を見せたのか。指導員は曽我さんに「日本の映画はこれしかない」と言ったという。だが、曽我さんは指導員の言葉を真に受けなかった。日本政府の聞き取り調査に「日本の映画を見せようとしてこの映画しかなかったのか、自分たちを工作員として養成するための教育の一環だったのか、よくわからない」と語っている。

金正日総書記が映画「陸軍中野学校」を高く評価していたとの指摘は、特定失踪者問題調査会代表の荒木和博さんが、2014年3月24日付のメール配信ニュース「調査会NEWS」で言及している。大変興味深い内容なので、紹介したい。

《ある程度の年齢の方でないとご存じないかも知れませんが、大映映画に「陸軍中野学校」シリーズがあります。主役は市川雷蔵で『陸軍中野学校』・『陸軍中野学校　雲一号指令』・『陸軍中野

学校　竜三号指令』『陸軍中野学校　密命』・『陸軍中野学校　開戦前夜』と、昭和41年から43年にかけて作品が作られました。旧陸軍の情報要員養成学校である中野学校を題材に、主役の椎名次郎中尉が敵のスパイと大陸や日本国内で渡り合うという内容です。

なかなか見応えのある映画なのですが、これを特に高く評価したのは映画好きの金正日でした。単に観ただけではなく、工作機関でもこの映画を教材として使わせたそうです。元工作員の安明進氏は金正日政治軍事大学でこの映画のシーンをスライド教材に使って授業を受けたと言っていましたし、曽我ひとみさんは北朝鮮の招待所でこの映画を観たと話しています。北朝鮮の映画で有名なものに「名もなき英雄たち」というスパイ映画のシリーズがありますが、これもおそらく「陸軍中野学校」の影響を受けて制作されたものと思います。

また、「金正日の料理人」、藤本健二氏の著書の中には金正日と射撃場に行ったとき、見事命中すると金正日が「ナカノヤー」と言ったという話が出てきます。おそらく金正日はこの映画を観て「わが国の工作員もこれだけの能力を持たなければならない」と思ったのでしょう。

実際、この映画を観ていると、背乗りとか病院を拠点にした拉致なども出てきます。映画を地でやったのではないかという感じですが、逆に言えばこの映画から北朝鮮の工作活動もある程度推測できます。そうやって拉致を成功させた工作員に金正日は「ナカノヤー」と声をかけたのかも知れません。

北朝鮮の情報機関立ち上げのときに中野学校出身者が関わっていたという話もありますから、

それが事実なら映画の前からそのノウハウが使われていた可能性もあります。陸軍中野学校は戦後各国の情報機関から高く評価されていますから、金正日の目の付け所もそう悪くはなかったのかも知れません》

曽我さんが北朝鮮で「陸軍中野学校」を鑑賞させられた際に感じたことは、あながち外れていないのかもしれない。

北朝鮮とは全く関わりなく平穏に日本で暮らしていた私たちをなぜ北朝鮮は拉致したのか。当初の目的は自分たちを工作員にすることだったのではないか。地村さん夫妻や蓮池薫さん夫妻、曽我ひとみさんらが共通して感じたことだ。

だが、ここで疑問が残らないわけではない。北朝鮮はわざわざ危険を冒してまで日本人を拉致するよりも、朝鮮総連を通じて在日朝鮮人の中から工作員の適性がある候補をリクルートすればよかったのではないかということだ。

この疑問については保志さんや薫さんは日本政府に対し、推測も含めて次のように証言している。

「北朝鮮は当初は在日朝鮮人を工作活動に従事させていたが、1970年代後半になると使わなくなったらしい」

「在日社会に与える影響や、日本でこうしたトップシークレットの情報が漏れる可能性を懸念したようだ」

拉致した日本人被害者は北朝鮮当局の徹底した管理下に置かれており、日本にいる家族や知人と連絡が取れないばかりか、工作機関が管理する招待所からも自由に抜け出すことはできない。北朝鮮が工作活動の保秘という観点から、在日朝鮮人よりも拉致した日本人を洗脳して工作員として養成したほうがベターと考えたのではないか。帰国した5人の証言からは、このような推察が成り立つ。拉致問題に取り組んできた政府関係者は、当時交際中だった蓮池さん夫妻や地村さん夫妻が拉致された理由についてこう話す。「アベックを狙ったのだろう。工作員に養成してどちらかを第三国に送り込んだ場合、北朝鮮に家族が残っていれば逃亡を防げると考えたのではないか」

工作員の日本語教師役に

日本から拉致した被害者を徹底的に教育して洗脳し、北朝鮮への忠誠心に揺るぎがないと判断できれば、韓国などに送り込んで工作活動に従事させる――。日本で被害者らの失踪事件が報道されたこともあり、このような計画には無理があるとようやく気づいた北朝鮮は、被害者の扱いに頭を悩ませたことだろう。北朝鮮政府内でどのような議論を経て決定されたかは定かではないが、蓮池薫さんらは工作員に日本語を教える「教師役」となった。

薫さんが工作員に日本語を教えるようになったのは1980年5月に祐木子さんと結婚し、3カ月後に、平壌の南東約20キロにある「忠龍里招待所」に移ってからだった。

薫さんは日本政府の聞き取り調査に対して、「自分たちを結婚させて日本語教師としたのは、北朝鮮の当局が自分たちは工作員として使えないと最終的に判断したからであろう」と語った。内閣官房拉致被害者・家族支援室が2004年に作成した文書には、こうした証言を踏まえた作成者の推察が記されている。

《北朝鮮は拉致した後の1~2年の間、被害者に対する観察と選別を行っていた。何らかの事情から工作員としては不適当との判断がなされ、物心両面で安定させたうえで教師に専従させたのだろう》

蓮池さん夫妻は忠龍里招待所で6年間を過ごすことになる。地村さん夫妻もほぼ同じ期間に、同じ招待所にいた。1983年には、横田めぐみさんもこの招待所に移っている。

蓮池薫さんは招待所で生活しながら、工作員に日本語を教えた。担当したのは3人で構成するグループを2組、別に個人3人にも教えた。「教え子」の工作員は20代~50代と年齢層は幅広く、全員が男性だった。蓮池さん夫妻が住む招待所の近所に住んでいた。

日本語はかなり上達したが、完全に日本人を装うには無理があり、韓国やその他の外国に潜入させる際は日系人を装うことになっていたという。祐木子さんは妻として育児に専念していたが、日本料理を作って工作員にふるまい、食べ方を教えることもあった。地村保志さんも、忠龍里招待所では工作員数人に日本語を教えていた。

だが、薫さんや保志さんが命じられた工作員への「教育係」としての仕事は、1987年に北朝鮮が起こしたテロ事件を契機に終わることになる。大韓航空機爆破事件だ。

事件が起きたのはソウル五輪の前年、1987年11月。バグダッド発ソウル行きの大韓航空機が、乗員・乗客115人を乗せたままビルマ（現・ミャンマー）沖で消息を絶った。「蜂谷《はちや》真一」と「蜂谷真由美」という日本人名義の偽造旅券を持つ不審な男女2人が経由地のアブダビまで乗っていたことが判明。この2人はバーレーンで拘束され、現地当局の事情聴取を受けている間に男が服毒自殺した。「真由美」と名乗ったのは金賢姫元死刑囚で、韓国に移送された。金賢姫氏は韓国捜査当局の調べに対し「朝鮮民主主義人民共和国（北朝鮮）の工作員で、大韓機を爆破した」と自供した。北朝鮮が翌年のソウル五輪の開催を妨害するために、工作員を使って実行したことが明らかとなった。金賢姫氏は韓国の大法院（最高裁）で死刑判決が確定したが、特赦《とくしゃ》となり釈放された。

金賢姫氏は、1981年7月から約2年間、平壌の招待所で「李恩恵」と名乗る日本人の教育係から日本語や日本人らしいしぐさを教わったと証言。日本の警察当局は、この教育係が、拉致被害者の田口八重子さんと断定した。金賢姫氏や地村富貴恵さんの証言によると、金賢姫氏の同僚工作員である金淑姫《キムスッキ》氏に、横田めぐみさんが日本語を教えていたという。

金賢姫氏は2010年7月に来日し、長野県軽井沢町で横田めぐみさんの両親、滋さんと早紀江さんらに面会した。この際、金賢姫氏は横田さん夫妻に「金淑姫氏に誘われ、めぐみさんとは1回だけ会った。物静かな印象だった」「めぐみさんからチヂミの手料理を振る舞われた」と伝えた。

大韓機爆破事件後は翻訳作業に

大韓航空機爆破事件は、拉致被害者らの生活も変えた。

地村保志さんは日本政府に、「大韓航空機爆破事件が起きてからは、自分たちを日本語教育にすら使うことはなくなった」と話している。日本の新聞の翻訳や、資料作りをさせられるようになった。1994年からの約3年間は、運転手の仕事をしたこともあったという。

蓮池さん夫妻は、大韓航空機爆破事件の約4カ月前に「忠龍里招待所」から平壌郊外の「大陽《テヤン》里《リ》招待所」に移っていた。引っ越しの直後は工作員に日本語を教える機会もあったが、事件後は、自宅から歩いて10分ほどのところにある「資料室」が勤務先となった。主な仕事は、海外の各種

田口八重子さんの長男飯塚耕一郎さん（左）と抱き合う金賢姫氏

資料や風習、現地事情がわかる本の翻訳だった。スパイ小説を翻訳し、工作員用のパンフレットを作成することもあった。1994年に金日成主席が死去した後は、温室で献花用の花を栽培する仕事にも携わったという。

拉致問題対策本部事務局の関係者は「この頃には北朝鮮にとって、蓮池さんや地村さんらの利用価値が薄まった」とみる。

拉致した日本人を洗脳教育して工作員に育て上げ、日本や韓国などに送り込み情報工作活動に使う——。北朝鮮はこのような無謀な計画の下に、平和に暮らす多くの日本人を無理やりに連れ去ったが、日本で失踪が騒ぎになったことで当初の目的はすぐに頓挫。今度は工作員の日本語教育係として使うようになった。

だが、ソウル五輪を妨害するために引き起こした大韓航空機爆破事件で、田口八重子さんから日本語を教わった実行犯が拘束されると、日本人拉致事件が明るみに出ることを恐れたのか、拉致被害者に担わせる仕事をまた変えたのである。

蓮池さん夫妻と地村さん夫妻は一時期、横田めぐみさんや田口八重子さんらと同じ招待所で暮らしたことがあるが、転居すると顔を合わせなくなった。被害者が転々と引っ越しを繰り返したことについて、拉致問題対策本部事務局は、被害者の扱いの変化と「密接に呼応」していると分析する。北朝鮮は日本人同士が接触しないように細心の注意を払っていたことも踏まえ、「消息が分からない他の被害者が、（帰国した被害者とは）他の部署で使われている可能性もある」とみる。

拉致に関わった複数の工作機関

2011年に死去した金正日総書記は、2002年9月に小泉純一郎首相が訪朝して行われた日朝首脳会談で、小泉首相に「特殊機関の一部が妄動主義、英雄主義に走って、こういうことを行ってきたと考えている」と述べ、初めて日本人拉致を認めて謝罪したことは先述したとおりだ。責任者はすでに処罰したと説明した。拉致の実行は一部の工作機関が行ったもので、自分はあずかり知らないとの主張だ。

だが、日本政府の調べでは、正日氏自身が拉致を実行した機関を直接指揮していたことが明らかになっている。

日本人拉致が実行された1970年代から1980年代当時、北朝鮮の工作機関は、朝鮮労働党の「3号庁舎」と呼ばれ、「対外情報調査部」「社会文化部」「作戦部」「統一戦線部」で構成されていた。このなかで、日本人拉致を計画・実行したのは対外情報調査部で、日本人を連れ去る実働部隊は、作戦部に所属する工作員であったとされる。対外情報調査部はその後に35号室と名称を変え、2009年には人民武力部偵察局に吸収統合され、偵察総局となった。偵察総局はここ数年、サイバー空間で暗号資産（仮想通貨）を狙った違法な資金稼ぎを担う機関として注目されている。

　蓮池さん夫妻や地村さん夫妻、横田めぐみさんらが拉致された当時、対外情報調査部は、金日成国家主席の後継者の地位を固めつつあった正日氏直属の工作機関だったとされる。部長の下には3人の副部長がおり、担当する国ごとに1課から7課まであり、それぞれ指導員や工作員が所属していた。対日工作を担うのは第2課だったようだ。

　日本の警察当局は、1978年7月に福井県小浜市で地村さん夫妻が拉致された事件では対外情報調査部工作員の辛光洙容疑者、その約20日後に新潟県柏崎市で起きた蓮池さん夫妻の拉致事件では通称チェ・スンチョル容疑者を国際手配。男女アベックの拉致を計画し、指示したのは、対外情報調査部の李完基《リワンギ》部長と姜海竜《カンヘリョン》副部長だったと判断している。1977年に新潟市で、下校途中だった当時中学生の横田めぐみさんを拉致した実行犯も辛光洙容疑者だったと、曽我ひとみさんが証言している。

「特殊機関の一部が妄動主義、英雄主義に走った」。正日氏の言葉を信じるならば、対外情報調査部が独断で引き起こした事件ということになる。だが、2002年の日朝首脳会談後、日本の公安当局などが調査を続けると、日本人が次々に拉致された1970〜1980年代に、対外情報調査部の部長や副部長、課長は定期的に朝鮮労働党本部に集められ、正日氏から指示を受けていたことが判明した。これは「伝達式」と呼ばれ、定期的に開催された。命令に背いた場合は処刑される場合もあったという。正日氏が日本人拉致を直接、指示していたかは不明だが、少なくとも知りうる立場にはあったとみられる。

正日氏は拉致事件について、自身の関与については一切明らかにしないまま、2011年に死去した。その後を継いだ正恩氏は、自制を求める国際社会の声を無視して、父親の時代よりも頻繁に核実験や弾道ミサイル発射を繰り返すようになった。日本人拉致問題についても、解決させようというメッセージは伝わってこない。実行犯の辛光洙容疑者について日本の警察当局は引き渡しを求めているが、北朝鮮は応じようとしないばかりか、国内で英雄扱いをしている。

拉致被害の現場は日本国内に限られていない。1980年代前半には、欧州に滞在していた松木薫さんと石岡亨さん、有本恵子さんが、だまされて北朝鮮に連れて行かれた。実行を担ったのは、1970年の「よど号ハイジャック事件」で北朝鮮に渡った実行犯やその妻たちだ。

石岡さんと松木さんは1980年5月ごろ、スペイン・マドリードで、ハイジャックメンバーの妻らに旅行に誘われ、オーストリア・ウィーンなどを経て北朝鮮に誘拐された。

1983年にイギリス留学中の有本恵子さんが拉致された事件でも、ハイジャックメンバーやその妻が有本さんに近づき、「市場調査のアルバイトがある」と巧みにだまし、北朝鮮に連れ去ったとされる。

よど号メンバーらがどういう経緯で、日本人の拉致事件に加担するようになったのか。北朝鮮からはいまだに詳細な説明はない。

拉致多発の背景に出世競争か

工作機関の独断なのか、金正日氏の指示なのか。真相は定かではないが、1970〜1980年代に日本人をターゲットに拉致事件が頻発したのはなぜなのか。私は特派員として韓国に常駐していた2019年末からの3年3カ月間、北朝鮮の政府機関や工作機関に所属していた脱北者に取材する度に、拉致問題について何か情報を持っていないかどうか尋ねた。その中の1人に、北朝鮮で工作機関に所属していた男性がいる。

この男性は、日本人拉致は1970年代から始まったと言及し、興味深い話をした。

「日本人を拉致したのは、工作員に日本語教育や日本人化教育をするためではなかった。日本人を洗脳して工作員に養成し、日本に送り返して北朝鮮のために活動させることが当初の目的だった。そこで、日本から日本人を3人連れてくれば、対南(対韓国)工作で成果を上げたのと同等の評価点数を与えた」

工作員らが昇進を狙い、日本人をターゲットに拉致を繰り返すようになったというのだ。1980年代に入り、相当数の日本人を拉致した事実を知った正日氏が「これ以上、日本人を拉致したら処罰する」と中止を命じたという。だが、しばらくの間は現場の工作員にまで指示が伝わらず、拉致が続いたようだとも証言した。

彼は北朝鮮の工作機関にいた当時、こうした話を上司から聞いたという。証言の信憑性《しんぴょう》は定かではない。ただ、正日氏がストップをかけた後も、現場に指示が伝わらず、日本人拉致が続いていたのであれば、正日氏が「特殊機関の一部が妄動主義、英雄主義に走った」と言ったのは、全くの嘘《うそ》とは言えないかもしれない。

第2章

拉致被害者が強いられる隔離生活

監視され続ける被害者

2023年9月19日、米ニューヨークで開かれた国連総会。一般討論演説に立った岸田文雄首相は、ロシアによるウクライナ侵略などを例に「人間の命、尊厳が最も重要であるとの原点に立ち返るべきだ」と訴えた。そのうえで、北朝鮮との関係にも触れ、「日朝平壌宣言に基づき、拉致、核、ミサイルといった諸懸案を包括的に解決し、不幸な過去を清算して、日朝国交正常化の実現を目指すという方針は不変です」と語った。

北朝鮮による日本人拉致は、2002年の日朝首脳会談で金正日総書記が認め、被害者5人が帰国した。日朝平壌宣言は、このときの首脳会談で小泉純一郎首相と正日氏が署名し、その後の日朝関係の基礎になっている。日本が植民地支配に対する反省と謝罪を明確にしたうえで、国交を結んだ後に北朝鮮への経済協力や支援を行うとした。

一方で、北朝鮮の核・ミサイル問題については「関連するすべての国際的合意を遵守する」と約束し、「双方は、核問題及びミサイル問題を含む安全保障上の諸問題に関し、関係諸国間の対話を促進し、問題解決を図ることの必要性を確認した」と明記した。拉致問題については、「日本国民の生命と安全にかかわる懸案問題」と表現し、「朝鮮民主主義人民共和国側は、日朝が不正常な関係にある中で生じたこのような遺憾な問題が今後再び生じることがないよう適切な措置をとることを確認した」と盛り込まれた。この宣言に基づき、歴代内閣は「拉致、核、ミサイルといった諸懸案を包括的に解決し、不幸な過去を清算して、日朝国交正常化の実現を目指す」という方針を繰り返し述べてきた。

だが、2002年に蓮池薫さん、蓮池（旧姓・奥土）祐木子さん、地村保志さん、地村（旧姓・浜本）富貴恵さん、曽我ひとみさんの5人が帰国して以降、目立った進展はない。日本政府が警察当局の捜査などにより認定する被害者は17人だが、実際の被害者はもっと多いとみられる。日本政府は北朝鮮に対し、残る被害者を帰国させるように再三にわたり求めてきたが、北朝鮮は「拉致問題は解決済み」と繰り返し主張するばかりだ。残された被害者の安否、被害の全体像はいまだにはっきりしない。被害者を帰国させることにより、国家犯罪の真相や、独裁体制下の実情が暴かれることを懸念しているとの見方も日本国内には根強い。

日本人拉致は主に1970年代から1980年代にかけて、工作活動の一環として実行された。当初の目的は、拉致被害者を洗脳教育し、工作員として外国に送り込むという無謀な計画だったとされる。日本国内でこの「なぞの失踪」が騒ぎになると、すぐに計画を変更。その後は、工作員への日本語教育係や翻訳などの仕事をさせるようになった。このことは前述したとおりだ。

軟禁状態の生活を24年間続けた蓮池薫さんは、当時の心境について講演で語り続けている。「日本に帰りたいという思いは、ずっと頭から離れなかった。ただ、帰ることは無理ですし、それが表に出ることは、向こうが私に対して逃げる可能性があると、ますます警戒するだけ。頭の中にあるものをいかにして表に出さないか、そこに神経を使っていた。ただ、うちの家内と2人で夜ちょっと話すと、宇宙船のスーパージェッターが来てくれたらなあと、子供らが帰ってきた夏休みに来て、そのまま日本に帰れたらなあという妄想、空想はしょっちゅうやっていた。帰りたいという気持ちは常にあり、それをいかにコントロールするかということだった」。

「スーパージェッター」とは、1965年から約1年間、日本でテレビ放映されていたSFアニメ。未来から来た主人公のジェッターが愛用するエアカー型のタイムマシンに乗り、マッハ15で空を飛ぶ。子供の頃に見たアニメに登場する、そのような乗り物が来てくれたらここから逃げることもできると空想したというのだ。帰ることができるかどうかもわからないなかで、毎日の生活を続けるのは精神的にも相当厳しかったことだろう。

いまだに帰国を果たせない拉致被害者たちは今、北朝鮮でどのような生活を送っているのだろうか。内閣官房拉致被害者・家族支援室が2004年に作成した文書には、帰国した薫さんら5人が、1978年夏に北朝鮮に拉致された直後から帰国するまでの境遇が記録される。自由の許されない監視社会での息苦しい隔離生活の実態が見えてくる。

外部と遮断された招待所を転々

1978年7月31日に新潟県柏崎市の海岸で拉致された蓮池薫さんは当時20歳の大学生で、2

インタビューに応じる蓮池薫さん＝2023年9月16日、新潟県柏崎市（鈴木拓也撮影）

歳年上の祐木子さんとデート中に襲われ、工作船に連れ込まれた。

薫さんと祐木子さんは1980年5月に、地村保志さんと富貴恵さんは1979年11月にそれぞれ、北朝鮮当局者に勧められて結婚した。曽我ひとみさんも1980年8月に元米兵のジェンキンスさんと結婚したが、それまで5人は平壌郊外にある複数の招待所を転々とさせられてきた。

「日本人を工作員として使うために拉致してきたとの雰囲気があった」。前章でも触れたが、薫さんはそう語っている。北朝鮮の当局者からは「日本に行って東大生と仲良くなれ」と言われたこともあった。保志さんは拉致されてから数カ月が経ち、「学校に送られ、工作員の訓練を受ける」と告げられた。曽我さんには「朝鮮語を勉強すれば早く日本に帰れる」と持ちかけていた。

政府の拉致問題対策本部事務局が保管する文書には、こうした証言から、拉致の目的について「拉致被害者を工作員として養成して、再度日本や海外に派遣することも含まれていた可能性が十分考えられる」との分析が記載されている。

しかし、北朝鮮の計画はわずか数カ月で破綻したようだ。保志さんは、突然計画が中止されたことを知らされた。その理由は「日本国内で自分たちの失踪が問題となり、工作員として使えなくなったらしい」というものだった。

文書は、こうした証言を基に「北朝鮮は拉致した後の1～2年の間、被害者に対する観察と選別を行っていたと推測される」と指摘している。何らかの事情から工作員としては不適当との判断がなされ、「物心両面で安定させたうえで教師に専従させたのだろう」とも推察した。

地村さん夫妻は1979年11月に、蓮池さん夫妻は1980年8月にそれぞれ、平壌市中心部から南東に約20キロ離れた山あいの「忠龍里招待所」に移された。この招待所には、横田めぐみさんと田口八重子さんも1983年秋に移ってきた。6人は1986年夏までこの招待所で生活を送っている。

招待所は真ん中の山を挟んで両側に集落があり、それぞれ1地区、2地区と呼ばれていた。被害者らが最初に住んだのは1地区だった。各集落には7~8軒の家が間隔を置いて配置されており、お互いの家が見えないようになっていた。同じ地区には、北朝鮮当局の工作員も住んでいた。

1号棟に蓮池さん夫妻、3号棟にめぐみさんと田口さん、7号棟に地村さん夫妻が住んでいた。田口さんが北朝鮮当局者に、年下のめぐみさんの面倒をみたいと申し出たことから共同生活が始まったという。蓮池さんや地村さんらがそれぞれ暮らす棟の間には、工作員が居住する棟が配置され、監視員のチェックを受けながらの生活だった。日本人被害者同士が自由に行き来することは禁じられていたが、薫さんと保志さんは、監視員の目を盗んで定期的に招待所内の裏山で「密会」したという。

この招待所での仕事は主に、工作員に日本語を教えることだった。薫さんが教えたのは全員男性で、打ち解けて心を通わせるようになると、彼らは家族や故郷のこと、映画の話をするようになり、指導員や党幹部の悪口を言うこともあったという。

保志さんも、隣の6号棟に住む数人の工作員に日本語を教えていた。

横田めぐみさんと田口八重子さんが住む3号棟には、女性工作員も同居していた。その工作員とは、大韓航空機爆破事件を実行した金賢姫元死刑囚の同僚、金淑姫氏だった。

富貴恵さんの証言などによると、田口さんは1981年から1983年にかけて、日本語を教えるために金賢姫氏と共同生活を送った後に、忠龍里招待所に移ってきた。金淑姫氏にはめぐみさんが日本語を教えた。金賢姫氏によると、金淑姫氏はめぐみさんや田口さんとの生活ぶりについて、「電気事情が悪くて（冬場は）寒いので、服を何枚も重ね着していた」と話していたという。

1985年になり、蓮池さん夫妻、地村さん夫妻、横田めぐみさん、田口八重子さんとも一斉に2地区に引っ越しさせられた。蓮池さん夫妻は6号棟、地村さん夫妻は4号棟、めぐみさんと田口さんは3号棟に住んだ。1、2号棟にはそれぞれ中年の日本人とみられる男性が一人ずつ住んでいたという。ただ、保志さんは「招待所では他の日本人とは会ってはいけないことになっているし、（その2人とは）面識がなく、信用できるかもわからないので会うことを避けていた」という。この2人が誰だったのかは確認できていない。保志さんが招待所で働く女性から聞いた話によると、2人とも朝鮮語は全く話せなかった。1号棟に住む男性は年配、2号棟に住む男性は40代くらいで痩せており、料理人だったらしい。保志さんは「料理人というのは、原さんだったのかもしれない」とも証言している。

43歳の時に拉致された原敕晁さんは、大阪の中華料理店のコックとして働いていた。1980年6月、北朝鮮工作員に「よい職をあっせんしたい。慰労する」とだまされ、宮崎県青島海岸に誘い出された後、工作船で北朝鮮へ拉致されている。富貴恵さんは招待所内の映画館からの帰りに、遠目から2人を目撃したことがあり、1人は小柄、もう1人は大柄だったと記憶する。ただ、そのうちの1人は原さんだったのか、真相はわからない。

5号棟には、対外情報調査部所属の「キム・チョルジュン」という男がいた。キム・チョルジュンは、北朝鮮が拉致を認めた2002年9月の日朝首脳会談の際に、めぐみさんの夫と紹介された。その後、1978年に韓国から拉致された金英男《キムヨンナム》さんであると判明した。2人の出会いは、北朝鮮当局の指示により、横田めぐみさんが金英男さんに日本語を教えるようになったことがきっかけだったようだ。蓮池薫さんらによると、元気がなくふさぎ込むこともあっためぐみさんは、金英男さんと出会ってからは化粧をするようになり、少し元気になったという。

家族会結成を警戒した北朝鮮

蓮池さん夫妻と地村さん夫妻は1986年7月に、今度は平壌中心部から郊外の平壌国際空港近くの「大陽里招待所」に移された。この招待所も山を挟んで両側に集落があり、工作員も住んでいた。蓮池さん夫妻と地村さん夫妻の住まいは隣り合っていた。めぐみさんも同じ時期にこの招待所に移り、当初は山を挟んで反対側に住まいを用意されたが、数カ月後に同じ集落に移ってきた。5人以外に日本人はいなかったという。

薫さんは資料室で主に翻訳の仕事を担当した。海外の風習や現地事情が分かる資料、スパイ小説などを翻訳し、工作員用のパンフレットを作成した。近くに映画館があり、週1回は北朝鮮の映画やスパイ映画を鑑賞する機会もあった。

めぐみさんが反対側の集落から引っ越してくると、家族ぐるみで付き合うようになった。祐木子さんは、めぐみさんとよくコーヒーを飲んで雑談を交わした。めぐみさんが金英男さんと結婚したのは、大陽里招待所に移ってまもなくだったと聞いた。一緒に映画を見ることもあった。めぐみさんはウンギョンさんが生まれて幸せそうだったが、「日本に帰りたい」と口にすることが多くなった。次第に元気がなくなり、ふさぎ込むようになった。祐木子さんらが慰めたり励ましたりして支えたという。

蓮池さん、地村さん両夫妻によると、めぐみさんは1994年3月に北朝鮮北西部の義州《ウィジュ》にある病院に入院した。その後の安否はわからないという。蓮池さん夫妻と地村さん夫妻は共に2000年3月、大陽里招待所の近くの双鷹《サンメ》招待所に移った。

その理由について、薫さんは日本政府の聞き取り調査にこう答えている。

「1997年に家族会が日本で結成され、日本国内で拉致事件が問題になり始めたので、地村さん夫妻と一緒に双鷹招待所に移った」

「北朝鮮による拉致被害者家族連絡会」は、拉致被害者の8家族により1997年3月に結成された。代表は、横田めぐみさんの父親の滋さんが10年ほど、その後に田口八重子さんの兄の飯塚繁雄さんが務めた。2021年12月からはめぐみさんの弟の拓也さんが担う。

家族会の結成により、拉致問題は日本国内で大きく報道され、注目されるようになった。それまでも、拉致問題が報道されていなかったわけではない。蓮池さん夫妻や地村さん夫妻が拉致された1年半後の1980年、サンケイ新聞が「アベック3組ナゾの蒸発／福井、新潟、鹿児島の海岸で／外国情報機関が関与？」とのスクープ記事を掲載。国会では大韓航空機爆破事件で北朝鮮によるテロが注目された翌年の1988年、参議院予算委員会で蓮池さん夫妻らの「行方不明事件」を共産党議員が質問し、国家公安委員長だった梶山静六氏が以下のように答弁した。

「昭和53年（1978年）以来の一連のアベック行方不明事犯、恐らくは北朝鮮による拉致の疑いが十分濃厚でございます。解明が大変困難ではございますけれども、事態の重大性にかんがみ、今後とも真相究明のために全力を尽くしていかなければならないと考えておりますし、本人はもちろんでございますが、ご家族の皆さん方に深い御同情を申し上げる次第であります」

これは日本政府が公式に、日本人拉致は北朝鮮による犯行の疑いがあると言及した最初の答弁だった。ただ、拉致問題について盛んに報道されるようになったのは、家族会が結成され、被害者の帰国を訴える家族や親族の切実な声をマスコミが取り上げるようになってからである。マスコミや政府が、北朝鮮との外交関係に影響することを懸念し、長い間、この問題をタブー視して声を上げなかったことは否めず、反省しなければならない。

地村保志さんは、政府の聞き取り調査に「家族会が結成された時、他の工作員のたくさんいる大陽里（招待所）にいてはいけないという話が出始めた」と話している。北朝鮮の関係当局が、特殊機関や党幹部の一部しか知らない蓮池さん夫妻や地村さん夫妻の存在を隠さなければならないという考えを強くしたということだ。家族会の結成は拉致問題の進展に大きく寄与したと言える。1999年には、蓮池さんらの存在を知る朝鮮労働党の工作機関関係者が亡命する事件も起きたという。この人物は韓国に逃れたとみられる。私はソウル特派員時代にこの人物を探したが、存在を確認することができなかった。いずれにしても、この時期に情報の流出を恐れて、拉致被害者の管理は一層厳しくなったようだ。

双鷹招待所では、蓮池さん夫妻、地村さん夫妻のほかには工作機関の関係者しか住んでいなかったという。薫さんは自宅が仕事場となり、翻訳作業や資料作成に従事した。北朝鮮当局には、蓮池さん夫妻らが外部の人間と接触する機会を今まで以上に制限する意図があったとみられる。地村保志さんも政府に対して次のように説明している。

「いわば、自分たちのために作った招待所みたいなところ。日本で拉致問題が騒ぎになり、このまま大陽里招待所に置いておくとまずいということになり、我々と蓮池家、（工作機関の）信用できる人間のみが双鷹招待所に移った」。両夫妻は約2年3カ月間、この招待所で生活したが、2002年6月に再び、平壌市内のアパートへの引っ越しを命じられた。日朝首脳会談で、金正日総書記が小泉純一郎首相に日本人の拉致を認める約3カ月前のことだった。正日氏と側近の間で、拉致問題をどう処理するかの検討が続いていたとみられる。

蓮池さん夫妻と地村さん夫妻は、拉致されてから帰国するまでの約24年間、監視された環境での生活を余儀なくされ、買い物さえも自由に出来なかった。

薫さんらの証言によると、食材は週に2回、巡回に来る配達員に注文した。購入金額の上限は、招待所の経理を担当する朝鮮労働党財政経理部が決めていたという。配給もあり、米は1日の量が１人８００グラム、ビールは１週間に大瓶2本。たばこや衣服も支給された。そのほかのものを買うために、外貨ショップで使える外貨兌換《だかん》券が配られた。ただ、買い物は決められた時間に限られ、外貨兌換券が使える平壌中心部の「大同江《テドンガン》商店」「大聖《テソン》百貨店」「楽園《ラグオン》商店」の３カ所で必要な日用品などを購入したという。

富貴恵さんの記憶では、大陽里招待所に移って間もない１９８６年ごろ、横田めぐみさんや祐木子さんと一緒に楽園商店に行ったところ、同じように買い物に来ていた曽我ひとみさんとばったり出くわした。富貴恵さんは曽我さんを知らなかったが、めぐみさんは曽我さんとの久しぶりの再会を喜んでいた。行動が厳しく制限されるなかでも、こうした偶然の再会はあったようだ。

食べ物に困ることはなかったが、１９９０年代に入ると、北朝鮮の経済状況の悪化に伴い、拉致被害者らの待遇も著しく悪くなったという。北朝鮮は１９９６年に、食糧不足と経済的困窮を乗り越えるように人民を鼓舞したスローガン「苦難の行軍」を発表しているが、拉致被害者らも強い影響を受けていたのだ。

曽我さんは軍の管理下で生活

2002年9月の日朝首脳会談を経て、翌月に帰国した5人の被害者のうち、蓮池さん、地村さん両夫妻とは異なる環境で生きてきたのが、曽我ひとみさんだった。

曽我さんは1978年8月12日に佐渡から拉致された。事件当時、一緒にいた母親のミヨシさんの安否はいまだに不明のままだ。曽我さん親子が拉致された事実は、日朝首脳会談の際に北朝鮮側から伝えられるまで日本政府も把握していなかった。

曽我さんも帰国後、日本政府に拉致された経緯や北朝鮮での体験談を語っている。突然襲われて小さな船に乗せられ、着いた先は蓮池さん夫妻らと同じ清津だった。港からは車で移動し、15分ほどで丘の上の招待所に着き、一晩を過ごした。この招待所では、金日成国家主席の偉業話を聞かされたが、なぜ自分を拉致したのかを尋ねても、答えてくれなかったという。母親のミヨシさんについては「家に帰ったので、心配しなくていい」と言われた。

清津で1泊した後、列車で平壌に向かった。平壌の「牡丹峰招待所」に移送され、そこで5日間を過ごした。何かを命じられるわけでもなく、「1人でテレビを見るなど、ぼーっとしていた」という。

その後、平壌中心部から西に数キロの「万景台招待所」に移り、横田めぐみさんとの共同生活

北朝鮮・平壌市内＝1990年9月25日

北朝鮮・平壌市内＝1990年9月24日

が始まった。朝鮮語会話の勉強が始まり、女性指導員から平壌の写真や地図を見せられ、説明を受けた。この指導員はいつも一緒にいて、曽我さんやめぐみさんを監視していたという。

「朝鮮語を勉強しなさい。勉強すれば早く（日本に）帰ることができる」。指導員からはそう促された。一方で、「これからタバコと酒が必要になるかもしれないので、できれば覚えた方がいい。いつか役に立つときが来るだろう」とも言われた。翌日、テーブルの上にタバコが置いてあり、招待所で勤務する女性が勧めてきた。お酒の飲み方も指導され、女性指導員から「もっと下を向いて飲むように」「こうすれば女性らしくなる」と言われた。曽我さんのこのような証言からも、拉致被害者を当初は工作員として養成しようとしていたことがうかがえる。

指導員が韓国について、「乞食がたくさんいて、物価が高いので、みんな共和国（北朝鮮）に来たがっている」などと話し、北朝鮮の優位性を強調することもあった。この招待所に来てから数日後、女性指導員から複数の朝鮮名を提示され、曽我さんは、そのなかから「ミン・ヘギョン」という名前を選んだ。

めぐみさんは落ち込んではいたが、曽我ひとみさんとの同居に安心したようで落ち着いた様子だったという。めぐみさんは「部活からの帰宅途中に、友達と別れてから突然、後ろから男につかまれた」と話し、曽我さんも拉致された状況を説明した。「2人とも同じだね」とお互いの境遇を慰め合い、打ち解けていったという。お互いの家族の話をしたり、一緒に童謡を歌ったりした。めぐみさんは、曽我さんと出会うまでは朝鮮語の学習のほか、指導員から数学や物理も教えられていたと話した。ただ、曽我さんとの共同生活が始まってからは朝鮮語の勉強が中心となり、それ以外の科目は時々、教科書を読む程度になったという。

曽我ひとみさんと横田めぐみさんは一緒に、9月9日の北朝鮮建国記念日に催されるパレードや、金日成広場に隣接する「歴史博物館」を見学する機会もあった。建国記念日のパレードの際には、会場で指導員から「席の上のほうに日本人男性2人がいるが、あまりそちらのほうは見るな」と言われた。ただ、その日本人が誰だったのかはわからないという。

万景台招待所で約4カ月を過ごした後、めぐみさんと別れて別の招待所に移ったが、1カ月後の1979年1月には平壌中心部の「普通江招待所」に再び移り、めぐみさんと再会した。

この招待所で本格的な朝鮮語学習が始まった。女性指導員が作った冊子を教科書に、この指導員から朝鮮語を学んだ。週2回のテストがあり、めぐみさんとはお互いに「朝鮮語が上手になれば日本に帰ることができるね」と励まし合った。

この年の9月ごろ、めぐみさんと一緒に今度は、平壌中心部から北東に約10キロ離れた「龍城招待所」に移った。

この招待所での生活が始まるとまもなく、2人は宴席に招かれた。お酒を飲みながら、日本映画「陸軍中野学校」を鑑賞したという。旧日本陸軍のスパイ養成機関「陸軍中野学校」に所属する青年将校が主人公の1966年の映画で、男性指導員は曽我さんに「ここには、日本映画がこれしかない」と話したことは既に述べた。楽しませようという心遣いから日本映画を見せようとしたのか、工作員に養成するための教育の一環だったのか。その意図はわからない。

この招待所での生活はわずか1カ月間で終わり、計約1年間にわたり一緒に暮らしためぐみさんと別れることになった。平壌中心部から北東に20キロほど離れた「東北里招待所」に1人で移された。この後、帰国までの間に、めぐみさんと会ったのは1回だけ。1986年に外貨ショップで偶然に再会し、立ち話をしたのが最後だ。

「東北里招待所」での生活も約9カ月で終わった。1980年6月に、指導員から「これから英語の先生のところに行く」と言われ、平壌中心部から東に約15キロの「立石里《リプソクリ》招待所」に移った。「英語の先生」として待っていたのが、その後に夫となるジェンキンスさんだった。曽我ひとみさんはこの招待所に住みながら英語を勉強することになるが、すぐに「英語の習得が目的ではない」と気づいた。

招待所は田園地帯の高台にあり、3階建ての大きなアパートのような建物だった。敷地は有刺鉄線で囲まれ、外部から隔離されていた。他に3人の米国人男性がおり、それぞれ外国人女性と結婚していた。ジェンキンスさんを含め、米国人男性たちは韓国に駐留していた元米兵で、1960年代に軍事境界線を越えて北朝鮮側に投降した。建物には2階と3階に2世帯ずつ、計4家族のみが居住し、1階には学習室があった。

蓮池さん、地村さん両夫妻、横田めぐみさんらが過ごした招待所は朝鮮労働党の工作機関の管轄だったが、立石里招待所は、軍所属だったという。曽我さんはジェンキンスさんと結婚し、美《み》花《か》さんとブリンダさんの2人の娘に恵まれた。

ジェンキンスさんは平壌市内の外国語大学で英語を教えていた。曽我さんは野菜を栽培するほか、ニワトリやウサギを飼育しながら、家事と育児が生活の中心になった。夏に、平壌から200キロ離れた東部の元山《ウォンサン》の海水浴場に家族で行ったことはあるが、普段の外出は厳しく制限され、ラジオを聴くことも禁止された。買い物や学校に通う子どもの迎え以外は、敷地外に出ることは許されなかった。毎月、米や小麦粉の配給を受けた。1人当たり800グラム、子どもは中学生までは400グラム、中学校卒業後の18歳までは500グラムだったという。そのほかの食料品や日用品は、ジェンキンスさんに支給された月給120米ドルでやりくりしたという。

食料や日用品の買い出しのため、買い物に出かけられるのは月に2、3回。駐在する各国の大使館員が利用する平壌の外貨ショップ「平壌商店」に出かけた。そのほかに「大聖百貨店」「大同江商店」「楽園商店」を利用することもあった。外出の際には運転手付きの軍の車が手配された。車両のナンバープレートは軍関係者であることを隠すために、タクシーのナンバープレートが付けられていたという。

週に2、3回放映されるテレビ番組の視聴は許され、それが外部の情報を得る唯一の機会だった。番組の内容について曽我さんは「世界の動きに関するものだった」と話した。娘の美花さんとブリンダさんは招待所近くの一般の学校に通った。体調不良の際には、「親善病院」という主に外国人が利用する医療機関を利用した。

蓮池薫さんや地村保志さん、横田めぐみさん、田口八重子さんとは異なり、曽我ひとみさんが北朝鮮の人に日本語を教えたのは1回だけという。出産前に1週間ほど、工作員の「卵」とみられる3人の女性に教えた。日本語を使う仕事としては、日本のドラマや漫画の翻訳内容をチェックする仕事を命じられたこともあった。

指導員が時々訪問し、生活相談に応じるほか、北朝鮮の国家イデオロギー「主体思想」や抗日活動の歴史に関する講義を受けた。他の被害者が招待所を転々とするなか、曽我ひとみさんは2002年の帰国まで、家族でこの招待所に住み続けた。

このように、帰国した5人のうち、蓮池さん夫妻と地村さん夫妻はデート中に一緒に拉致され、北朝鮮で結婚した後、工作機関所属の招待所に移り住んだ。一方、曽我さんは一緒に拉致された母親のミヨシさんと生き別れ、北朝鮮では横田めぐみさんと約1年間の共同生活を送ったが、その後は元米兵のジェンキンスさんと結婚し、家族と軍所属の招待所で22年間暮らした。なぜ、曽我さんだけ異なる扱いを受けたのか。北朝鮮が拉致した被害者に対して、どのような選別を行ったのか。被害者の証言だけでは、その理由はよくわからない。

ただ、共通しているのは、拉致された直後から帰国までの間、ずっと当局の監視下に置かれながら、外部の人間が目に触れることのない隔離された招待所での生活を強いられてきたということだ。そのため、他の日本人の消息や工作機関の活動について、帰国した5人が知り得る情報は限定的だった。北朝鮮が「拉致問題は解決済み」との主張を繰り返すなか、日本政府がいまだに拉致被害の全容をつかめない大きな要因は、北朝鮮内部の情報入手が困難で、その方法が限られているところにある。帰国した5人の被害者が日本政府に伝えた証言は、その後の北朝鮮との交渉に役立てられた。ただ、残念ながら、新たな被害者の帰国には至っていない。

第3章

北朝鮮のずさんな調査

初の日朝首脳会談で認めた「拉致」

２００２年９月17日は、日本の首相が北朝鮮を訪れ、初めて首脳会談が開かれた歴史的な日となった。小泉純一郎首相は安倍晋三官房副長官らと政府専用機に乗り、日帰りで北朝鮮を訪問。首脳会談は平壌市内の百花園《ペッカウォン》迎賓館で行われた。

会場には小泉首相が先に到着した。金正日総書記は姿を見せると、「平壌でお会いできたことをうれしく思います」と話しかけ、握手を交わした。会談が始まり、金正日氏は「近くて遠い国という関係に終止符を打つために平壌を訪問していただき、うれしく思います。近くて遠い国という関係は20世紀の古い遺物になるのではないかと思います」と語りかけた。小泉首相は黙ったまま、頷きながら聞いた。

拉致被害者の家族らは期待と不安を抱きながら、固唾《かたず》を呑んで会談の結果を待った。前日には8家族の14人が東京・日比谷公会堂で集会に出席し、会場に集まった約２１００人を前に、一人一人が順番に思いを訴えていた。

１９７７年に新潟市で拉致された横田めぐみさんの母・早紀江さんは「今回が最初で最後のチャンス。政府を信用するしかない。子どもを連れ帰って下さいとお願いした」。１９７８年に福井県小浜市で拉致された地村保志さんの父・保さんは「24年間、この日を待ち続けていた」と期

首脳会談終了後、握手する北朝鮮の金正日総書記（左）と小泉純一郎首相＝2002年9月17日、平壌・百花園迎賓館で（代表撮影）

待を込めた。1983年に欧州から北朝鮮に連れて行かれた有本恵子さんの父・明弘さんは「北朝鮮が国家戦略において拉致した事実は歴然としている。首相には、『あなたの責任において善処してもらいたい』と言ってもらいたい」と訴えた。

北朝鮮側は首脳会談に合わせ、日本人計14人の消息を伝えた。蓮池薫さんと祐木子さん夫妻、地村保志さんと富貴恵さん夫妻、曽我ひとみさんの5人は生存。だが、他の9人については、8人が「死亡」、残りの1人は「入国していない」と主張した。

首脳会談は約2時間半行われた。金正日氏は「遺憾なことだった。率直にお詫びしたい」「(日朝には)数十年の敵対関係があるが、誠に忌まわしい。1970~1980年代初めまで、特殊機関の一部が妄動主義、英雄主義に走ってこういうことを行った」と陳謝した。日本人を拉致した理由を「特殊機関で日本語の学習ができるようにするためと、日本人の身分を利用して南(韓国)に入るためだったと思う」と述べ、拉致に関与した責任者は処分したと説明した。拉致の当初の目的は、前述したように拉致被害者自身を工作員に養成するためだったとみられるが、そのような説明は一切なかった。

北朝鮮側は、生存者とその家族や親族の面会に便宜を図ること、生存者が希望する場合は帰国や一時帰国を実現できるように便宜を保証すること、「死亡者」の家族には経緯を説明すると約束した。

これにより、5人の帰国は実現したが、北朝鮮はその後、「拉致問題は解決済み」との主張を繰り返すようになり、他の被害者の帰国は実現していない。当時、それぞれの被害者に関する北朝鮮側の説明は次のとおりだった。

【松木薫さん】死亡

朝鮮名：リム・チョンス

入国の経緯：1980年ごろ語学修得および論文執筆のためスペイン滞在中、石岡亨さんとともに、特殊機関工作員と接触する過程で共和国訪問の勧めに直ちに応じ、特殊機関が日本語教育に引き入れる目的で、1980年6月7日、共和国に連れてこられた。

入国後の生活：特殊機関の人々が、朝鮮に残って勉強をしながら日本語を教えてくれないかと依頼したところ、承諾したことから、特殊機関内の学校で学生に日本語を教える仕事を誠実に行っていた。独身を通していたが、楽天的な性格ではなく、すべてにおいて慎重で思索的な人間で、受け持った仕事および生活両面においてそつがなかった。これらの正確な描写は、彼から日本語を教わった学生の回想に基づくものである。

死亡の経緯：1996年8月23日、両江道《リャンガンド》の革命史跡の参観に行く途中、咸鏡南道高原郡《ハムギョンナムドコウォングン》と北西郡の境界にあるトチョル嶺という峠道を自動車で移動中に、運転手の不注意による事故で2人とも死亡した。事故調書はあるが、法的仕組みが整った時点で関連情報・書類について引き渡すことができる。

遺骨：咸鏡南道北青郡《プクチョングン》にあった遺骨安置所は洪水被害で流されたが、最近の調査委員会による調査で遺骨が発見され、100％の保証はないが、再火葬され、2002年8月30日に平壌市楽浪《ランナン》区《ク》域オボンサン共同墓地に安置された。遺骨の移動の年代、火葬状況から測定して当人の遺骨に近いと判断した。

遺品：写真が残っている。

【曽我ひとみさん】生存

朝鮮名：ミン・ヘギョン

現住所：平壌市勝湖《スンホ》区域立石里《リプソクリ》

職業：被扶養生活

入国の経緯：1978年8月12日、特殊機関工作員が身分隠しおよび語学教育の目的で日本人の現地請負業者に依頼し、引き渡しを受けて連れてきた。

入国後の経緯：約2年間特殊機関の招待所において、語学の学習、参観を通じ、実情に慣れてきた。1980年8月8日、入北した元米軍兵士と結婚し、国家から生活条件を保障されて暮らしている。

家族：夫＝チャールズ・ロバート・ジェンキンス（62）。南朝鮮侵略軍第1騎兵師団8連隊1大隊C中隊の分隊長中士として勤務していた1965年1月5日に入国。チャールズは、曽我ひとみさんと結婚し、2人の娘をもうけた。長女＝美花（19）、平壌外国語大学学生。次女＝ブリンダ（17）、平壌外国語大学学生。
その他：母・ミヨシさんについては承知していない。特殊機関工作員が現地請負業者から引き渡しを受けたのは曽我ひとみさん一人だけだった。

【有本恵子さん】死亡
朝鮮名：キム・ヒョンスク
入国の経緯：1982年留学のため英国に出国。特殊機関メンバーの1人が接触し、工作の過程で共和国に行ってみないかと言うと、一度行ってみたいと言ったことから、特殊機関が日本語教育に引き入れる目的で1983年7月15日、平壌へ連れて行った。
入国後の生活：資本主義社会とは異なる制度の中で暮らしてみたいと言ったため、特殊機関は、彼女の意向に従い、入国後1年後から、石岡亨さんとともに特殊機関の学校で日本語を教えさせた。1985年12月27日、一緒に仕事をしていた石岡亨さんと本人の自由意思で結婚し、翌年娘を産んだ。娘の名はリ・ヨンファ。招待所で幸せな家庭生活を送っていた。
死亡の経緯：1988年11月4日の夜、慈江道《チャガンド》熙川《ヒチョン》市内の招待所にて寝ている途中、暖房用の石炭ガス中毒で子どもを含む家族全員が死亡した。
遺骨：家族と共に熙川市平院洞《ピョンウォンドン》に葬られたが、1995年8月17日から18日の大洪水による土砂崩れで流失。現在引き続き探しているものの発見に至っていない。
遺品：写真が残っている。

【石岡亨さん】死亡
朝鮮名：リ・シオ
入国の経緯：１９８０年に留学及び観光目的で欧州に出国し、スペインのマドリードで松木薫さんとともに、特殊機関工作員の一人との接触過程で共和国訪問を勧められて同意し、特殊機関工作員が日本語教育に引き入れる目的で１９８０年６月７日、平壌に連れてきた。
入国後の生活：いろいろ参観しているうちに、一度こんな社会で生きてみたいという意向を示したため、共和国で暮らしつつ勉強し、学生に日本語を教えてほしいという特殊機関の提起に応じた。特殊機関の招待所で自分の勉強をするとともに、機関の運営する学校で日本語教育の仕事を一生懸命行った。１９８５年12月27日、一緒の仕事に就いていた有本恵子さんと結婚。翌年子どもが産まれると、家庭に愛着を持ち、妻と子供を非常に愛した。特別待遇と保護を受ける中で生活していたが、時間がたつにつれ、故郷、父母、親族を懐かしく思うようになり、１９８８年夏には平壌市の店でショッピングをしている際にポーランド人を通じて手紙を送っている。手紙投函の事実は本人が案内人に話したものである。
死亡の経緯：１９８８年11月４日の夜、慈江道熙川市内の招待所にて寝ている途中、暖房用の石炭ガス中毒で子供を含む家族全員が死亡した。
遺骨：家族と共に熙川市平院洞に葬られたが、1995年8月17日から18日の大洪水による土砂崩れで流失。現在引き続き探しているものの発見に至っていない。
遺品：写真が残っている。

【横田めぐみさん】死亡
朝鮮名：リュ・ミョンスク
入国の経緯：1977年11月15日、新潟市内で工作員が学校から帰宅途中の本人に会った。工作員は身辺の露出の危険性を感じ、露出を防ぐために拉致した。特殊機関は、所属に関係なく軍事化されており、命令を実行した者は責任を問わないことになっているが、本件の実行犯は命令なく恣意的に行動した者であり、職務停止処分を受けている。
入国後の生活：1977年11月から1986年7月まで、招待所で朝鮮語、現実研究および現実体験をした。1986年8月13日に結婚した。
死亡の経緯：1993年3月13日、平壌市勝湖区域49予防院で精神病により死亡した。遺骨については、病院を通じて墓のあったところを探している。
遺品：愛用のバドミントンのラケットと写真。
家族：夫＝キム・チョルジュン（41）会社員、娘＝キム・ヘギョン（15）中学生

住所：万景台区域堂上洞《タンサンドン》

その他：１９８８年頃から１９９１年にかけて金日成政治軍事大学において目撃証言があるとの話は事実無根であって虚偽の情報である。

18歳頃から精神的に不安定であったということについても根拠はない。結婚後、娘を産むまで精神的な所見はなかった。入国直後、招待所で曽我ひとみさんと一緒に生活していた事実がある。

【田口八重子さん】死亡

朝鮮名：コ・ヘオク

入国の経緯：工作員が身分盗用に利用する対象者を物色中、１９７８年６月29日宮崎市青島海岸で本人が共和国に３日程度なら観光がてら行きたいという意向を示したことから、特殊工作員が身分を偽装するのに利用するため連れてきた。（工作員の）辛光洙は関係がない。

入国後の生活：１９７８年６月から１９８４年10月まで招待所で朝鮮語の習得、現実研究および現実体験をした。１９８４年10月19日に原敕晁さんと結婚し、１９８６年まで家庭生活。

死亡の経緯：１９８６年７月19日に夫の死亡後、精神的衝撃を受けていたが、数日して安定して帰宅する途中、同月30日、黄海北道《ファンヘブクト》麟山郡《リンサングン》の馬息《マシク》嶺峠で乗用車とトラックの衝突事故で死亡した。この事故では、同人及び運転手を含む３名が乗用車で死亡し、トラックの2人は重傷を負った。

遺骨：黄海北道麟山郡に墓があったが、１９９５年７月の豪雨で上月里《サンウォルリ》の貯水池ダムの堤防が壊れ、墓が流された。
遺品：なし。
その他：原敕晁さんと結婚したが、子供はいない。原さんも麟山郡で病気により死亡。事故での死亡者と生存者に関する書類が存在するが、今後、法的仕組みができた時点で証言と文書を提供することができる。

【原敕晁さん】死亡
朝鮮名：パク・チョルス
入国の経緯：金もうけと歯科治療のため、海外行きを希望していたところ、工作員が本人の戸籍謄本を受け取る見返りとして、100万円と共和国への入国を密約した。これにより1980年6月17日、宮崎市青島海岸から連れてきた。
入国後の生活：1980年6月から1984年10月まで招待所で朝鮮語、現実研究、現実体験をしていた。1984年10月19日、田口八重子さんと結婚。子供はいない。
死亡の経緯：1986年7月19日、黄海北道麟山郡で、肝硬変により死亡。
墓：田口八重子さんと同じ所にあったが、1995年7月の豪雨によりダムが決壊し流された。
遺品：なし。
その他：辛光洙の関与等については今後法的仕組みができたら提供する。

【地村保志さん】生存
朝鮮名：オ・ソンサム
職業：社会科学院民俗研究所資料室翻訳員
入国の経緯：1978年7月7日、福井県小浜市で、特殊工作員が語学養成のため拉致してきた。
入国後の生活：1979年11月25日、浜本富貴恵さんと結婚。詳細はプライバシーにかかわるので、本人に確認してほしい。

【浜本富貴恵さん】生存
朝鮮名：リ・ヨンオク
職業：被扶養生活
入国の経緯：地村保志さんと同じ
入国後の生活：1979年11月25日、地村保志さんと結婚。詳細はプライバシーに関するため、本人に確認してほしい。
家族：長女＝オ・ギョンエ　キム・ヒョンジク師範大学学生、長男＝オ・ギョンソク　平壌機械大学学生、次男＝オ・ギョンホ、中学生
住所：平壌市楽浪区域に居住

【蓮池薫さん】生存
朝鮮名：パク・スンチョル
現職：社会科学院民俗研究所資料室翻訳員
入国の経緯：1978年7月31日、柏崎市で特殊機関工作員が語学養成のため拉致した。
入国後の生活：1980年5月15日、奥土祐木子さんと結婚。プライバシーに関するので詳細は本人に確認してほしい。

【奥土（蓮池）祐木子さん】生存
朝鮮名：キム・グムシル
現職：被扶養生活
入国の経緯：蓮池薫さんと同じ
家族：長男＝パク・ギヒョク　電子計算機単科大学学生
住所：平壌市楽浪区域に居住
その他：他の詳細はプライバシーに関するので本人に確認してほしい。

【市川修一さん】死亡
朝鮮名：キム・ヨンチョル
入国の経緯：1978年8月12日鹿児島県吹上浜キャンプ場で語学養成のため特殊機関工作員が拉致した。
入国後の生活：1978年8月〜1979年9月、招待所にて朝鮮語の学習、現実研究や現実体験。1979年4月20日、増元るみ子さんと結婚。1979年9月4日、元山海水浴場で溺れ、心臓まひにより死亡した。
墓：黄海北道麟山郡上月里にあったが、1995年7月の貯水ダム崩壊により流失
遺品：なし
その他：1994年金日成総合大学、金正日政治軍事大学で目撃されているとの日本側主張は事実無根。

【増元るみ子さん】死亡
朝鮮名：ホ・ジョンシル
入国の経緯：1978年8月12日、鹿児島県吹上浜キャンプ場で特殊機関工作員が語学養成のため拉致した。
入国後の生活：1978年8月〜1981年8月まで招待所で朝鮮語の学習、現実研究や現実体

験。1979年4月20日、市川修一さんと結婚。1981年8月17日、心臓病により黄海北道麟山郡にて死亡した。結婚前は、市川さんと異なる招待所で生活していた。市川修一さんの死亡後は結婚してから住んでいた招待所にそのまま住んでいた。子供はいない。

墓：夫（市川さん）と同じ麟山郡上月里にあったが、1995年7月の貯水ダム崩壊により流失した。

遺品：なし

このような北朝鮮側の説明は、帰国した5人が政府に証言した内容からいくつもの嘘や矛盾が発覚した。このことについては後述する。「死亡した」ことを裏付ける資料はなく、「死亡」とする経緯に関してもいくつもの疑問点がある。

当然のように、被害者家族からは「死因に自動車事故や石炭ストーブによる中毒など、不自然なものが多い。墓も洪水で流され、痕跡もない（との説明）がほとんどだ」（横田滋さん）、「うまく作った話としか思えない。作為的なものを感じる」（増元照明さん）といった批判が噴出した。「私は信じていない」。横田早紀江さんの悲痛な訴えは、日本国内でこの問題への関心を喚起し、世論は政府に拉致問題の解決を強く求めるようになった。

互いに署名した日朝平壌宣言を交換し、握手する小泉純一郎首相（左）と金正日総書記（代表撮影）

国交正常化目指した日朝平壌宣言

2002年の日朝首脳会談では、国交正常化への道筋を示す「日朝平壌宣言」が署名された。拉致問題については「拉致」という直接的な表現を用いず、「日本国民の生命と安全にかかわる懸案問題」と表記。一方で、過去の植民地支配については日本側が「痛切な反省と心からのお詫びの気持ちを表明」し、国交正常化後は「無償資金協力」や「経済協力」を行うと約束した。

北朝鮮は長年の独裁体制の下で経済が疲弊し、深刻な食糧不足にも悩んでいた。国内の供給能力は著しく不足しており、資源や食糧を得るために日本との関係改善に活路を見いだそうとしていた。金正日総書記は日朝首脳会談の直前、共同通信の書面インタビューに応じ、次のように回答した。

「朝鮮と日本はこの1世紀、不和と対立により極めて不正常な状態にある。関係正常化は時代の要求だ。責任ある政治家が大局的に取り組めば解決できない問題はない。小泉首相の平壌訪問は関係正常化の画期的な契機となる。訪問を歓迎し、会談が良い結実をもたらすと信じる。解決すべき基本問題は両国間の過去の清算だ。日本によりわが人民が受けた災難と被害を考慮して謝罪し、補償問題も解決されねばならない。大きくない問題をもって中傷し、手足が縛られているが、関係が改善されれば容易に解決される。関係が改善されれば、日本が憂慮する安保問題も問題となり得ない。われわれの国防力は徹頭徹尾、自衛の政策だ。友好的に対するなら、憂慮することはない。両国関係が正常化され、好ましく発展すれば、日本を訪問できない理由はないと思う」

拉致問題を認めて謝罪すれば、日本から戦後賠償などとして多額の経済協力が得られる。正日氏にはそんな皮算用があったのだろう。実際に、帰国した被害者のなかには、北朝鮮当局者から「今回はメンツを捨ててでも日本と国交を正常化し、資金を引き出す」とはっきり言われていた人もいた。

日朝平壌宣言の内容からもわかるように、日本政府も首脳会談を機に拉致問題を解決させ、戦後処理の残された懸案である北朝鮮との国交正常化を成し遂げた後、多額の経済支援を行う用意があった。

だが、拉致を認めて5人の帰国に応じたものの、8人は「死亡」し、その他の者は入国していないという北朝鮮の主張は、日本国内の世論を硬化させた。日本の対北朝鮮外交の対処方針は拉致問題の解決が「最優先課題」になり、期待が外れた北朝鮮は「拉致問題は解決済み」という頑なな態度を取り続けるようになった。「日朝平壌宣言」に明記された国交正常化に向けた動きは遠のくことになった。

1年続いた秘密交渉

首脳会談に向けて事前に北朝鮮側と折衝を行ったのは、外務省の田中均・アジア大洋州局長だった。秘密交渉は2001年秋から1年近く続いた。報道機関の記者に疑われないように、週末を利用して中国などに渡航し、北朝鮮のカウンターパートと面会するやり方で計20回以上行ったと、田中氏自身が明かしている。交渉相手は田中氏に名前を明かさなかった。このため、日朝首脳会談後になって秘密交渉を報道した日本のメディアは、「ミスターX」と呼んだ。韓国の情報機関・国家情報院は、この人物が、北朝鮮の秘密警察「国家安全保衛部」(現・国家保衛省)の柳《リュ》敬《ギョン》副部長だったと断定している。柳氏は正日氏の側近だった。田中氏は著書『外交の力』(日本経済新聞出版社)の中で当時の心境をこう記している。

《私には、プロフェッショナルとして最初から心に固く決めていた「北朝鮮との交渉の鉄則」があった。外交交渉はギブ・アンド・テイクである。ただし相手の不法な行為に褒賞を与えることは出来ない。拉致についてギブ・アンド・テイクはない。将来の経済協力の展望を示すことによりギブ・アンド・テイクの概念が出来る。北朝鮮は外部に対して閉ざされた国であり、どのポストの誰が、どういう権限を持った人なのか明らかではない。相手の肩書きも虚偽の場合が多い。従って相手の行動により、信頼できるか否かを決めざるを得ない》

当初は拉致問題について説明を求めても、「ありもしないでっち上げ」と全面否定し、全く取

小泉訪朝に向けて秘密交渉を担った元外務審議官の田中均さん＝2023年9月11日（高橋杏璃撮影）

り付く島がない。一方で、柳氏は日本の植民地支配について長々と主張を繰り返すばかりだったという。それでも田中氏は、拉致を認めて、生存者を帰国させることを訴え続けたという。北朝鮮側の要求は、過去の植民地支配に対する謝罪と補償だった。ただ、日本は北朝鮮と戦争はしていないので「補償」はできない。1965年に韓国と国交を正常化させた時と同様に、日朝国交正常化の際に請求権の相互放棄と経済協力のパッケージという方法しかない。田中氏は「そのことを先方に納得させるのには本当に骨が折れた」と回想している。

私が田中氏にインタビューを行い、2023年9月17日に朝日新聞デジタルに配信された記事「拉致解決へ中国を巻き込め　田中均氏が『ミスターX』との交渉語る」も紹介したい。次のとおりだ。

――北朝鮮との秘密交渉は、どういった経緯で始まったのですか。

私は2001年9月に外務省アジア大洋州局長に就任し、戦後の懸案として残る北朝鮮との交渉を進めたいと考えました。

当時、首相だった小泉さんに「拉致・核・ミサイルの問題を解決し、朝鮮半島の平和を作りたい。そのために水面下の交渉に臨みたい」と申し上げました。小泉さんは「田中さん、それ、やってよ。しかし秘密厳守で」と言ってくれました。

1990年代前半に中断した日朝国交正常化交渉は2000年に再開しましたが、北朝鮮外務省は「拉致問題は存在しない」という建前に終始していました。彼らには手に負えない懸案であり、交渉の当事者能力はなかったのです。

私の前任の槙田邦彦アジア局長（在任中にアジア大洋州局に改組）は、交渉を打開すべく、北朝鮮側と接触を続け、公安関係者と称する者が初めて協議に出てきました。

その人物が、私の秘密交渉の相手になりました。

――交渉相手は田中さんに本名を明かさず、日本政府内で「ミスターX」と呼ばれました。秘密警察の国家安全保衛部（現・国家保衛省）の柳敬副部長だったと言われています。

秘密交渉は2001年秋に中国の大連のホテルで始まり、約1年続きました。相手は当時の北朝鮮最高意思決定機関である国防委員会の「参事室長」と自己紹介していました。本当に保衛部の副部長だったのか、確信はありません。北朝鮮の交渉相手は偽名と適当な肩書を示してくることが多いですから。

ただ、交渉を進めるためには、その相手が誰なのかということにあまり意味はありません。当時で言えばトップの金正日総書記に直接、つながっているかどうかが重要です。そのため、どの程度の実行力を有するのか確認が必要でした。交渉の初めにスパイ容疑で拘束されていた日本人の元記者の解放を要請したら、無条件で釈放されました。その後、金正日総書記の側近で外交の総責任者と言われた姜錫柱《カンソクチュ》・第1外務次官が同席したこともありましたが、姜氏よりも実態を取り仕切っているという感じがしました。

――秘密交渉では最初から拉致問題への説明を求めたのですか。

もちろん、最初から取り上げました。北朝鮮方が望む経済協力や戦後補償は、国交正常化なしにできず、正常化のためには拉致問題や核問題を解決しなければならないとの基本方針の下で交渉しました。

相手は拉致を認めず、「日本は（植民地支配していた戦時下に徴用などで）朝鮮半島から600万人も強制連行した」と言ってきました。

互いの主張は平行線が続きましたが、全体としてギブ・アンド・テイクになるように心がけて交渉しました。あなた方が得るものは大きいと納得させることが大事です。ただ、原則に反した資金提供は出来ません。

彼らのメンツを満たすため、日本の首相が平壌を訪問すると提案し、正常化が国会承認を得られれば、経済協力が提供できることにも言及しました。日本が米国と強い関係を有することが、米国を怖がる北朝鮮を説得する上で効果的でした。

「北朝鮮はけしからん」とだけ言っていても、被害者は帰ってこない。その考えは今も変わっていません。

――首脳会談の結果、金正日総書記は拉致を認め、被害者5人が帰ってきました。だが、その後は進展がなく、未解決の問題として残っています。

首脳会談で国交正常化を目指す日朝平壌宣言を交わし、北朝鮮の核問題を話し合う米朝中日韓ロの6者協議につなげました。2005年9月の共同声明で北朝鮮は核放棄に合意し、拉致・核・ミサイルの問題が包括的に解決できると私は思いました。

ところが、核放棄の検証問題がまとまらず、米国が金融制裁でマカオにあった金正日氏の資産を凍結し、合意が潰れてしまいました。拉致問題は包括的な形でないと解決できません。もう一つは、北朝鮮の問題は日本で必ず国内の政治問題になるということです。北朝鮮に強硬姿勢で臨まなければ、「弱腰」との批判を浴びます。世論を気にする政権が、リスクを取れなくなっていることも大きいと言えます。

――岸田文雄首相は今年（2023年）5月に、日朝首脳会談を早期に実現するため「(岸田氏)直轄のハイレベルで協議を行っていきたい」と表明しました。

発言が実現することを望みたいが、常識的には、首相のあのような発言は、水面下の交渉で8割方、北朝鮮側と何らかの話がついていると考えられます。単に「国内向けの政治的な発言」「人気取りだった」では済まされません。首相は国民への説明責任を果たさなければならないでしょう。

ロシアと北朝鮮の連携は事態をさらに複雑にしていますが、やはり、北朝鮮を動かすには後ろ盾の中国を巻き込むことが重要です。中国は北朝鮮の崩壊は望まないが、非核化は重要と考えています。

北朝鮮はロシアとともに中国の支援強化を期待していますが、中国の最大の外交課題は対米関係であり、米国との関係をさらに悪化させる北朝鮮支援のメリットはありません。「日中が連携して北朝鮮問題に取り組み、非核化などに道筋をつけることが対米関係の改善につながる」と、中国に持ち掛けてみてはどうでしょうか。そうした外交戦略の絵を描くことが必要です。

だが、今の日本外交は、同盟国の米国や友好国との関係強化にばかり取り組もうとしているように見えます。残念でなりません。

田中均・元外務審議官への賛否両論

2002年の日朝首脳会談のお膳立てを担った田中氏への評価には、今も賛否両論ある。私は以前、政府や自民党の要職を歴任し、政界を引退した元国会議員から、「小泉さんは経済協力金として1兆円程度を渡す用意があったんだよ」と聞いたことがある。だが、田中氏は「経済協力金額の密約などというものはない」と否定する。確かに、日朝平壌宣言には、国交正常化交渉を再開し、正常化の後に経済協力を行うとある。

ただ、当時、官房副長官として小泉氏に同行した安倍晋三元首相は、『安倍晋三回顧録』（中央公論新社）の中で、田中氏の秘密交渉について「その交渉記録の一部は残っておらず、どんなやり取りが交わされていたのか、判然としない」と訝《いぶか》しんだ。

田中氏の1年にわたる北朝鮮側との秘密交渉の是非は今でも、評価が割れる。交渉の結果、2002年9月の小泉首相訪朝や拉致被害者5人の帰国に結びついた。しかし、5人をいったん北朝鮮に戻すことを主張し、「戻す必要はない」とした安倍氏らと対立。被害者の家族からも激しい批判を浴びた。2002年に帰国した蓮池薫さんは、講演で田中氏を評価したことがある。「北朝鮮と日本政府の間で合意があり、拉致問題は動いた。合意を達成するうえで、田中均さんはミスターXと交渉し、大きな事をしたのは事実です。ただ、北朝鮮に子供を置いて一時帰国させることはおかしい。返すなら子供と一緒に全員返す。さらには8人死亡という報告書を受けて、これで終わりですという合意があったとすれば、それは大間違い。拉致被害者に対しての徹底した調査、さらには完全なる帰国、こういったものが合意としてなされるべきところを、中途半端な合意になってしまった。合意内容がもうちょっと突っ込んでいれば、今のような状況にはならなかったと思う。そういう意味でちょっと残念な合意の下で拉致問題は動いたんだなという思いはある。(当時は)日朝国交正常化に進むという意思がかなり強く、拉致問題を考えていないわけではなかったが、おろそかになった部分もあるのではないかと思う」

「ミスターX」の正体

一方、田中氏の秘密交渉の相手だった柳敬副部長は悲運な最期を遂げた。日朝首脳会談から8年4カ月後に粛清されたのだ。

柳氏は、韓国との秘密交渉も担った人物である。2010年3月、朝鮮半島西側の黄海での魚雷攻撃により韓国軍の哨戒艦「天安《チョナン》」が沈没し、乗組員46人が死亡・行方不明になる事件が発生。当時の韓国の李明博《イミョンバク》政権は北朝鮮軍の魚雷による沈没と結論づけたが、北朝鮮側は関与を否定した。南北関係は極度に緊張し、さらなる武力衝突が起きかねない状況だった。実はこのとき、事態を収拾するために韓国と北朝鮮は秘密交渉を行っていた。北朝鮮側でその重要なミッションを担ったのが柳氏だった。

柳氏とはどんな人物だったのか。ソウル特派員時代に、柳氏と相対した韓国政府の元高官に話を聞く機会があった。この元高官によると、実現には至らなかったが、柳氏との秘密交渉では南北首脳会談も見据えていたという。柳氏は「合理的でかなり賢い人だった」といい、感情的にならず、何が利益になるかを冷静に判断しながら発言するタイプだったという。

元高官は柳氏に対し、「南北関係が悪化し、休戦状態から再び全面戦争になれば、どちらが滅びるかよく考えてみるべきだ」と話を向けた。すると、柳氏はこう反論したという。

「戦争は軍事力だけでするものではない。我々には鋭敏な指導者がいる」

柳氏はこの元高官に田中氏について語ったこともあった。「私に残念なことばかり言うので、名前も教えてやらなかった」とうそぶいたという。米中央情報局（ＣＩＡ）と韓国の国家情報院は、収集したインテリジェンス情報から、柳氏が２０１１年１月に処刑されたと判断している。柳氏が祖国を裏切り、米国や韓国のスパイになったと金正日氏に疑われたのが致命的だったという。真相はわからないが、実質的なナンバー2であった柳氏には、政敵も多かったことだろう。韓国政府の元高官は、正日氏の信頼が厚かった柳氏を疎むライバルが、柳氏を追い落とすために「裏切り者」にでっち上げ、正日氏に粛清を進言したのではないかと考える。

日本外務省は、柳氏の粛清後も、柳氏の下で連絡役を務めた保衛部関係者との人脈をつなげた。日朝は２０１４年５月にストックホルムで政府間協議を行い、北朝鮮が拉致問題を含む日本人の包括的調査を行うことを約束し、見返りに日本側は独自制裁の一部解除を行うことで合意した。いわゆるストックホルム合意だ。この合意に至る秘密交渉も、北朝鮮側は保衛部関係者が担った。

拉致認める方針転換は首脳会談直前だった

政府の拉致問題対策本部事務局が保管する内部文書は、金正日氏が拉致を認めた際、北朝鮮が提示した調査内容が「あまりにずさんであった」と指摘する。帰国した被害者5人の証言から、金正日氏が拉致を認めると判断したのは首脳会談直前であったことがうかがえ、場当たり的な準備や交渉術が垣間見えると分析した。

文書によると、1970年代から1980年代初めに日本人を拉致し、北朝鮮で被害者を管理していたのは、朝鮮労働党の対外情報調査部や作戦部（いずれも当時）、統一戦線部といった工作機関だ。だが、小泉政権下で行われた2002年9月の日朝首脳会談の前には、国家安全保衛部（現・国家保衛省）が拉致問題の対応を仕切るようになったという。保衛部は政治犯を取り締まる北朝鮮の秘密警察で、最高指導者の護衛も担う。2002年の首脳会談前に、外務省の田中均アジア大洋州局長と秘密交渉を行ったのは前述したように、日本政府に「ミスターX」と呼ばれた保衛部の柳敬副部長だった。

拉致隠蔽のためのずさんなシナリオ

日朝首脳会談が行われる半年前の2002年3月、朝鮮労働党の機関紙「労働新聞」に、日本人行方不明者を調査する用意があるとの記事が掲載された。蓮池薫さんは北朝鮮でこの記事を読み、「これは何か動きがあるかもしれない」と感じたという。

5月中旬になり、薫さんと地村保志さんが北朝鮮当局者から呼び出された。拉致問題について、2人が存在しているという事実を日本側に明らかにすると告げられ、「現在、そのための交渉を実務レベルで行っているところだ」と明かされた。さらに、保志さんは「拉致問題の解決についてどう考えるか。2人だけを出せば解決するか」と問われ、「それでは全くだめだ」と答えた。

薫さんは「拉致問題の解決についてどう思うか」とも聞かれた。言葉を慎重に選びながら答えた。「日本に行く気はない。ただ、拉致問題をきれいに解決しようとするのであれば、結局は自分たちを日本に帰国させるしかないのではないか」

実際にはそんな話はないのに、忠誠心を試すために指導員がカマをかけてきたのかもしれない。帰国したいという本心をさらけ出すことで、不満分子とみなされ、自分自身だけでなく家族にも不利益が生じるのではないか。そんな恐れを瞬時に感じ、このように答えたという。日本に帰っても、北朝鮮のスパイではないかというレッテルを貼られ、両親や兄に迷惑をかけるのではないかという心配もあった。北朝鮮で生まれた子供たちへの影響も考えた。ただ、日本にいる家族には、自分が生存している事実を知らせたかった。首脳会談までの数カ月間、毎日のように悩み続けた心労から、体重はかなり減ったという。帰国後、日本政府の聞き取り調査に「もし自分が帰国に対して積極的な態度を示していれば、今回の帰国はなかっただろう」と答えている。薫さんの直感が正しければ、同じようなチェックを受け、帰国できなかった人がいる可能性も考えられる。

指導員からは、日本に帰国した際に説明するための「台本」が用意された。「拉致されたのではなく、モーターボートが故障して沖で漂流しているところを救助された。北朝鮮で治療を受けているうちに、この社会はいいと思うようになった。日本人ということが周知されると何をされるかわからないので、在日朝鮮人と偽って定住するようになった」とのシナリオが用意されたのだ。指導員と一緒にこのシナリオの内容を真実性があるように練り直し、質疑応答の練習も繰り返したという。薫さんは「『救助された』と言っても、日本側には通用しません」とも進言したが、この時点では聞き入れられなかった。「拉致された」という事実は伏せるように指導された。このことは、薫さん自身も著書『拉致と決断』（新潮文庫）の中などで明らかにしている。

保志さんにも「海上で衝突事故を起こし、漂流していたところを救助され、在日朝鮮人と偽ってそのまま生活することになった」とのシナリオが用意された。保志さんは、それでは疑問を持たれると指導員に進言し、自ら「暴力団とトラブルになり、連れてこられた」とのストーリーを考えたところ、採用されたという。

6月になり、蓮池さん夫妻と地村さん夫妻は、約2年間を過ごした「双鷹招待所」から平壌市内のアパートに引っ越すことになった。「そこに住むのは一時的であり、一連の動きが終われば、もっといいアパートに住まわせる」と言われた。北朝鮮は、被害者を帰国させるつもりはなかったのだろう。ここでも、シナリオに基づく質疑応答の練習を続けた。

8月に入り、蓮池さんらは指導員から小泉首相の訪朝が決まったと伝えられた。その後、「日本政府の代表団と会うことになるかもしれない。会う際には蓮池薫、奥土祐木子であることを明らかにしてもよい」と言われた。

この頃になると、拉致は認めないとの当初の方針から転換しつつあるようだった。日本側から「拉致されたのか」と聞かれたら、こう答えるように指示されたという。

「肯定も否定もせずに、『想像に任せる』と言って適当にはぐらかすように。『詳しい内容については後で話す』と言うように」

拉致を認めるべきか、否定すべきか。北朝鮮が日朝首脳会談を控え、最終的な判断を決めかねていたことが窺える。薫さんは当時の心境について、日本政府に「その時は部分的ながら本当のことが言えるということで、気が楽になった。ただ、子供たちへの影響が心配だった」と話している。

9月17日の首脳会談当日。薫さんらは平壌中心部の高麗《コリョ》ホテルの向かいにある施設で朝から待機した。午後になり、日本外務省の梅本和義・駐英公使と面会した。首脳会談で金正日氏は「1970〜1980年代初めまで、特殊機関の一部が妄動主義、英雄主義に走ってこういうことを行った」と述べ、拉致を認めた。保志さんは直前まで受けていた指示内容から考えると、指導員らは拉致を認めることを知らされていなかったのではないかと感じた。この時点では、薫さんも日本に帰国できるとは思っていなかったという。久しぶりに日本から来た日本人と話が出来てうれしいと思う一方で、今後も北朝鮮で生活していくために、北朝鮮の公民としての立場を守るべきであるという気持ちから、梅本公使には警戒感を抱きながら慎重に言葉を選んだという。

首脳会談の結果、日本政府が日本人拉致の事実関係を調べるため、調査団を平壌に派遣することが決まった。すると、蓮池さん、地村さん両夫妻には指導員から新たな指示が出された。

「今度は全てを話すことになる。だが、どこの機関によって拉致されたのかはわからないように、また、下部の人間が行ったというイメージを与えるように話すこと」

金正日氏が首脳会談で発言した内容との整合性を保とうとしたとみられる。薫さんは、拉致されてからの詳しい経緯を知らない指導員から、「過去に他の被害者と一緒だったことはあるか」と聞かれた。薫さんは「地村さん夫妻とは一緒だったし、横田めぐみさんも知っている」と答えた。すると指導員は、日本政府の調査団から横田さんについて聞かれたら、「1993年1月に入院し、その後に死亡したという噂を聞いたと話せ」と指示してきたという。だが、薫さんは1994年まで横田さんと顔を合わせる機会があった。その事実を指摘したが、指導員は「とにかく、言うとおりにしろ」と繰り返すだけだったという。指導員は、北朝鮮が示した調査結果との整合性を懸念したとみられる。北朝鮮の調査がずさんであり、虚偽が含まれていることは、5人が帰国した後に日本政府に証言した内容で裏付けられることになった。

首脳会談の11日後、9月28日に日本政府の調査団（団長・斎木昭隆・外務省アジア大洋州局参事官、11人）が平壌入りした。調査団は面会する相手が被害者本人で間違いがないかどうかを確認するために、事前に蓮池さん夫妻や地村さん夫妻の両親と会い、本人の特徴やエピソードなどを聞いてから訪朝した。

北朝鮮は日本に住む被害者の家族に訪朝を呼びかけ、再会させるつもりだったようだ。「まずは家族を共和国に来させるように話せ。拉致問題への言及があった場合は、過去の植民地支配をもって反論せよ。ただし、激論は避け、いい関係を保つように」

薫さんが北朝鮮当局から指示された日本政府調査団との面談時のシナリオは、このような内容だった。再会した際に「日本に帰ってこい」という両親らをどう説得したらいいか。北朝鮮当局は、薫さんら被害者の意見も参考に検討していた。

実際に薫さんら被害者5人は調査団との面会聴取やビデオ収録で、「北朝鮮へ来て欲しい」と両親らに呼びかけた。日本にいる家族からは当然ながら、「北朝鮮に言わされているのではないか」「相手に連れて行かれたのに、こちらから引き取りに行くのはおかしい」といった疑問の声があがった。

家族会は訪朝を見合わせ、あくまで被害者の帰国を求める方針を決めた。

日本の家族の対応が功を奏し、10月に入ると、北朝鮮は日本政府に対して『5人の一時帰国を認める。日程は今月15日』と伝えてきた。指導員は薫さんに「日本に帰る気持ちはあるか」と尋ねた。

薫さんが「日本には行けないし、行かない。家族を呼び寄せるということで準備をしてきたのにどういうことだ。日本に行く目的は何か」と聞き返すと、「ただ、行って帰ってくるだけでいい」と言われたという。やりとりは約2時間続き、最後に指導員はこう言った。

「日本側が先生（薫さん）の一時帰国を要求しているので、日本に里帰りして来て欲しい。実はこれはもう決まったことだ。そうするしかない」

指導員はなぜ、始めから「一時帰国」が決まったことを明らかにしなかったのだろうか。薫さんは、自分の本当の気持ちを探るために再び、カマをかけてきたのかもしれないと感じたという。指導員は「子供も一緒に連れて行ってはどうか」とも言った。薫さんは「とりあえず、我々だけ（薫さんと祐木子さん）で行ってくる」と答えた。もし、この時に「子供も一緒に」と言っていたらどうなっていたのか。薫さんは、北朝鮮が何らかの理由をつけて、自分自身の帰国も許さなかったのではないかと考える。

保志さんも、「子供は置いていく」と伝えた。子供は連れて行ってもいいという口ぶりだったが、北朝鮮当局者の本心はわからなかった。

工作機関員の監視下で帰国

帰国前日の10月14日。5人は平壌の朝鮮赤十字会に集められた。蓮池さん夫妻と地村さん夫妻はこの時、曽我ひとみさんと初めて会話を交わした。赤十字会の幹部は5人に「ただ、日本に行って帰ってくるだけでよい。共和国の体制の宣伝をしても、どうせ信じてくれないからやらなくていい。日本ではいろいろと報道されるだろうが、我々はそれを鵜呑《うの》みにしないから、安心して帰って来い」と指示した。被害者の5人が「北朝鮮の体制はすばらしい」と言っても、当然ながら日本の世論が受け入れるはずがなく、むしろ、無理やり言わされていると反感を買い、逆効果になると判断したのだろう。5人には北朝鮮で生まれた子供がいることから、「北朝鮮に子供を残しているから帰る」などと言わせたほうが自然と考えたのかもしれない。

赤十字会の幹部は「寺越さんは日本でよく闘っている」と付け加えることも忘れなかった。寺越さんとは、1963年に石川県・能登半島沖で叔父2人とともに漁に出たまま行方不明になった寺越武志さんのことだ。1987年に北朝鮮で暮らしていることを叔父が日本の家族に手紙で知らせてきた。寺越さんは、5人が帰国する直前の10月3日、39年ぶりに10日間の滞在予定で一時帰国していた。寺越さんは、日本でも拉致されたことを否定し、「遭難して救助された」と主張。叔父2人はすでに死亡したと説明した。母親が平壌を訪れ、すでに再会は果たしていたが、日本への一時帰国が実現したのは初めてだった。寺越さんは北朝鮮で結婚し、今でも平壌で生活する。韓国に脱北した元北朝鮮工作員らの証言から、寺越さんは拉致されたとみられる。ただ、日本政府は証拠が不十分として、拉致被害者には認定していない。

被害者5人には「一時帰国」に当たり、赤十字会の幹部から「朝鮮赤十字会から2人同行する。携帯電話を持たせているので、その日の行動、翌日の予定、その日に感じたこと、報道陣の動きを毎日、報告するように」と指示があった。同行した2人は赤十字会の所属とされたが、日本政府の調査によると、工作機関の人間だったようだ。

薫さんは指導員からも日本滞在時の注意を受けた。「いろいろ言ってもいいが、横田めぐみさんと増元るみ子さんのことは話すな。めぐみさんについて聞かれたら、1993年に入院し、死亡したとの噂を聞いたということにしろ」と指示された。「できれば親を説得して訪朝させるようにしろ」とも言われた。

5人は2002年10月15日、政府のチャーター機で羽田空港に到着した。24年ぶりに祖国に降り立ち、出迎えた家族と涙を流しながら抱き合った。5人は東京都内で記者会見を行ったが、表情は硬く、「(家族に)会えてうれしい」「本当に長い間、ご心配をかけました」など、一言ずつ語っただけで質疑応答はなく、7分間で終了した。

「拉致された方々とご家族が20年余という長い歳月、味わってこられた悲しみ、苦しみを思うとき、私は胸が痛みます。故郷で家族水入らずでゆっくりとおくつろぎ頂き、今回のご滞在により、これまでのつらかった心の痛みが少しでも和らぐことを心より願います。今回の一時帰国の実現により、拉致問題の解決に向けて第一歩を踏み出すことができました。しかしながら、ご家族ご一緒での帰国、生存が確認されていない方々についての真相究明等、解決すべき課題は依然多く残されています」。小泉首相が発表した談話にあるように、この段階ではまだ「一時帰国」だった。

翌16日、5人は横田めぐみさんの両親ら被害者の家族と面会した。被害者の消息についていろいろと尋ねられたが、横田めぐみさんについては「1993年ごろ、めぐみさんはノイローゼ気味で、その後亡くなったという噂を聞いたことがある」と口をそろえた。帰国前に北朝鮮当局者から命じられたとおりに「証言」するしかなかった。ほかの被害者の写真を見せられても、「見覚えがない」と口を閉ざした。子供たちを北朝鮮に「人質に」取られたままの帰国で、不用意な発言をすれば危害を加えられかねない。苦しい心境であっただろう。面会した被害者の家族たちは「証言が不自然」「テープレコーダーを聞いているようだった」と戸惑った。

だが、5人は翌17日にそれぞれ故郷に戻り、旧友や親類と再会を果たすと、顔つきが和らいでいった。家族や友人はこのまま日本に留まり、北朝鮮にいる子供の帰国を待つように説得を始めた。この時の心境について、蓮池薫さんは講演で次のように語っている。

「子供が向こうにいるわけですから。子供を置いてこっちに残ることは全く考えていなかった。

北朝鮮に戻るか、（日本に）残るかという選択で、最終的な判断の材料は、北朝鮮が日本に子供を寄越すなら日本に残りたいと強く思った。しかし、北朝鮮はそんなことを絶対にするはずがないと思ったため、北に戻るしかないと思っていた。しかし、最終的には、兄の説得のなかでも、日本政府は本気で子供を取り戻してくれるという意気込みが伝わった。私も判断するなかで、北朝鮮は子供を帰さざるを得ないだろうと、さらに日本との関係を進めるうえではそれが絶対条件だろうと思って、これは半年ぐらいじっと我慢すれば子供を寄越すだろうと、それで気持ちが変わったというのが本当のところです」

5人が帰国して10日目。日本政府は5人の意向にかかわらず、このまま日本に永住させたうえで北朝鮮に残す家族の早期帰国を求める方針を決め、北朝鮮側に伝えた。5人と24年ぶりに再会した家族の強い希望が、政府の方針を変えさせた。

小泉首相は記者団に「ご家族の意向と総合的にいろいろな事情を勘案した。（国交正常化交渉に）どういう影響を与えるか、不透明なところもあるが、政府が決めたことだから実現するように北朝鮮側に働きかけていきたい」と説明した。

5人は日本に留まり、子供たちと日本で再会する日を待ち続けた。2004年に入り、日朝の本格的な政府間交渉が再び動きだし、5月に小泉首相の再訪朝が実現した。蓮池さん夫妻、地村さん夫妻の子供たち計5人は政府専用機の予備機で帰国し、1年7カ月ぶりに親子が再会を果たした。曽我さんの家族は、米政府が夫のジェンキンスさんを脱走兵として訴追しなければならないという特殊な事情があったが、ジェンキンスさんと子供2人もその後、曽我さんと日本で暮らせるようになった。

第4章

嘘を暴いた帰国者の証言

招待所に残された日本語メッセージ

「久我良子」「自分は50代、70年代に革命のために佐渡からきた」

北朝鮮の工作員に拉致され、2002年に帰国した地村保志さん、富貴恵さん夫妻は、1979年11月に平壌郊外の「忠龍里招待所」に引っ越した際、三面鏡の引き出しの中に貼り付けられた一通の手紙を見つけた。その日本語の文面には、筆者が工場に勤務していること、また、夫は交通事故で亡くなり、26歳の娘は結婚したとの記述もあった。地村さん夫妻が招待所の関係者から聞いた話では、この部屋には以前、女性が住んでいたという。その女性は、地村さん夫妻が引っ越して来る直前までこの部屋で生活していた。同じ招待所内にいた「韓国人漁師と結婚した」とのことだった。この女性も、結婚相手とされる「韓国人漁師」も拉致被害者なのか。真相は不明だが、女性が招待所の部屋の中に日本語の手紙を残したということは、同じ境遇の日本人に読んでほしいという意図があったとも考えられる。富貴恵さんは『革命のために』と書けば、北朝鮮当局に手紙が見つかってもとがめられないと考えたのではないか」と、思いを巡らせた。

2004年に、政府の「内閣官房拉致被害者・家族支援室」は、帰国した被害者5人の聞き取り調査をまとめた文書を作成している。そのなかには、5人が北朝鮮で会ったことのある日本人被害者、伝聞で聞いたその他の被害者に関する情報が記載される。

拉致被害者が24年ぶりに一時帰国。チャーター機から降りる、前列右から地村保志さん、地村富貴恵さん、2列目右から蓮池薫さん、蓮池祐木子さん、その左奥は曽我ひとみさん＝2002年10月15日、羽田空港（吉村功志撮影）

「久我良子」と名乗る人物が書いたとされる手紙についても文書のなかで紹介され、「拉致被害者の可能性も排除できない」と分析している。佐渡出身であることから、政府関係者は「曽我ミヨシさんの可能性もあるが、いまだにはっきりしない」と話す。

曽我ミヨシさんは、2002年に帰国した曽我ひとみさんの母親だ。2人は新潟県・佐渡で生活していたが、1978年8月、買い物に出かけた際に北朝鮮工作員に拉致された。

ひとみさんは帰国後、拉致被害者の救出を求める集会の場などで、拉致された当時の状況を次のように語っている。

「私と母は（午後）7時半ごろ、買い物に出かけました。買い物を終え、母と楽しく話をしながら、歩いていました。人の気配を感じ、振り向くと3人の男が横並びになってついてきました。母と、『あの人たち、誰なんだろう』と思いながらも、まさかその後でこんなことが起きるとは、夢にも思っていませんでした。急に走ってきて、道の横の木の下に私と母は連れ込まれました。口をふさがれ、手足を縛られ、袋に入れられました。担がれ、小さな船のある所まで行きました。（北朝鮮では）母のことは、見ることも、聞くことも、話を聞くこともありませんでした。ある人は『お母さんは日本で暮らしている』と。他の人は『お母さんには、娘は勉強しに行ったと言ってある』と……」

北朝鮮は日本政府にミヨシさんの入国を否定している。「久我良子」とされる人物は、ミヨシさんが名前を変えて書き残したのだろうか。ミヨシさんは体調を崩した夫に代わり、佐渡のコンクリート製造工場で働いていた。

「娘が結婚している」という部分は、ひとみさんがジェンキンスさんと結婚したという話を北朝鮮当局者から聞かされていた可能性もある。だが、「夫は交通事故で亡くなった」など、ミヨシさんとは一致しない部分もある。北朝鮮はミヨシさんの入国を否定し続けており、安否は不明のままだ。

矛盾する北朝鮮の説明

政府の聞き取り調査によると、帰国した5人が北朝鮮にいた24年間で直接、会ったことのある他の日本人被害者は横田めぐみさん、田口八重子さん、増元るみ子さんの3人だけだった。外部と隔離された「招待所」のなかで、厳しい監視下に置かれながらの生活。北朝鮮当局は国内で拉致被害者の存在を隠し続け、他の日本人とも極力、接触させなかったのだ。

横田さんについては、蓮池さん夫妻と地村さん夫妻が「1994年3月に義州の病院に入院した」と証言。「平壌市の病院に入院し、1993年に死亡」とする北朝鮮の当初の説明を覆すことになった。横田さんが1981～1984年にかけて、平壌郊外の順安国際空港近くにある「大陽里招待所」で田口八重子さんと一緒に生活していたとする北朝鮮の説明も虚偽であることが露呈した。富貴恵さんが北朝鮮で田口さんから聞いた話では、田口さんは19

83年まで、大韓航空機爆破事件実行犯の金賢姫氏と「東北里招待所」という別の招待所で共同生活していたのだ。田口さんが横田さんと生活を始めたのは1983年秋。田口さんが、精神的に不安定になっていた横田さんの「面倒をみたい」と要望し、金賢姫氏の同僚だった金淑姫工作員とともに3人で暮らした時期があったという。

田口さんに対する北朝鮮の説明にも矛盾がある。北朝鮮は田口さんが1984年に拉致被害者の原敕晁さんと結婚し、1986年に死亡したと説明した。だが、蓮池さん夫妻や地村さん夫妻は、1984年当時、田口さんは横田さんと共同生活していたことから「あり得ない」と断言。さらに、富貴恵さんは、自分の運転手から「1987年に外貨ショップで田口さんに会った。田口さんによると、韓国人と結婚して楽しい生活を送っているそうだ」と聞いていた。

増元るみ子さんについての北朝鮮側の説明も、明らかに事実関係と異なる点があった。増元さんが、同じ拉致被害者の市川修一さんと「1979年4月20日に結婚」としていたが、祐木子さんが1978年秋から約1年間、共同生活を送った。このため、祐木子さんは「増元さんが1979年4月20日に結婚したというのはあり得ない」と証言した。祐木子さんは1988年ごろに、生活物資の供給員から「祐木子さんを知っている人が会いたいと言っている。その人は結婚して子供もいる」とも聞いた。名前までは明らかにしなかったが、祐木子さんは増元さんであったのではないかと考えている。この通りであるならば、増元さんが「1981年に死亡した」とする北朝鮮の説明も虚偽になる。

日本政府は2004年の日朝実務者協議で、こうした証言を活用し、北朝鮮側が2002年に行った説明の矛盾点を突いた。北朝鮮側は、めぐみさんの「死亡時期」や増元さんの結婚時期など一部を訂正した。だが、この当時、日本政府が認定していた被害者15人のうち、帰国した5人を除く10人については「8人死亡、2人は入国していない」という前提を変えることはなかった。この点については後述する。

5人が北朝鮮で会話を交わした日本人被害者は横田めぐみさん、田口八重子さん、増元るみ子さんの3人に限られるが、その他の日本人についても伝聞情報を日本政府に寄せている。

地村富貴恵さんは田口さんと1979年に、平壌中心部の北東にある「円興里招待所」で共同生活した。富貴恵さんはその後、保志さんとの結婚のために引っ越したが、1983年に再会した田口さんから、円興里招待所を富貴恵さんが去った後に、2人の若い日本人男性を目撃したという話を聞いた。招待所内を散歩していたところ、男性2人とばったり会い、言葉を交わしたという。田口さんによると、2人は北朝鮮のことを全く知らず、「いいところがあると言われてきたが、こんなところだった」と語っていたという。富貴恵さんは、男性2人は1980年にスペインで失踪した石岡亨さん、松木薫さんだったのではないかと推測した。2人は欧州で、よど号ハイジャック事件を起こした犯人グループの妻らに旅行に誘われ、だまされて北朝鮮に連れてこられた。円興里招待所には、よど号犯の宿泊施設があると言われており、田口さんが会話を交わした相手が石岡さんと松木さんであった可能性は十分に考えられると日本政府は分析する。

蓮池祐木子さんは平壌の「忠龍里招待所」に住んでいた1983年か1984年ごろ、世話係の女性からこんな話を聞いた。

「反対側の地区に男性2人がいる。一人は労働者、もう一人は料理人で痩せており、4・25（4月25日の人民軍創建記念日）の時に、軍への差し入れ料理をきれいに盛りつけていた。2人とも朝鮮語はできない」

祐木子さんはその後、男性2人が招待所の映画館から出てくるのを遠くから目撃した。2人とも背が低く、一人は痩せており、もう一人は太っていたという。この2人の男性については地村保志さんも把握していた。ただ、招待所内で他の日本人と勝手に会ってはいけないルールになっていた。トラブルを避けるために接触は避けており、面識を持つことはなかった。招待所で働く女性から聞いた話では、2人とも朝鮮語が全く話せず、痩せた男性は40代の料理人という。

この2人について、日本政府は、原敕晁さんと田中実さんの可能性があるとみている。原さんは大阪の中華料理店でコックとして働いていた。1980年6月、日本に密入国した北朝鮮工作員の辛光洙《シングァンス》容疑者（国外移送目的拐取などの容疑で国際手配）が原さんに近づき、「よい職をあっせんしたい。慰労する」とだまし、宮崎市青島海岸に誘い出して拉致した。目的は辛光洙自身が原さんになり切って、日本で工作活動を行うためであったことが分かっている。田中さんは神戸市のラーメン店で働いていたが、1978年6月に成田空港からウィーンに向けて出国後に失踪した。日本政府関係者によると、田中さんについては、北朝鮮が拉致被害者の再調査を約束した2

014年のストックホルム合意後に、平壌で暮らしていると生存を伝えてきた。ただ、拉致ではなく自ら渡航してきたと主張。結婚して幸せに暮らしており、日本に帰る意思はないとした。日本政府が認定する拉致被害者ではないが、ラーメン店で田中さんの同僚だった金田龍光さん（1979年に26歳で失踪）の生存も認めた。ただ、金田さんについても田中さんと同様に自らの意思で北朝鮮に来たとして、拉致は否定した。このことについては第6章で詳述する。

北朝鮮の嘘を暴いた証言

2004年5月、小泉純一郎首相は再訪朝し、金正日総書記と2回目の会談に臨んだ。その結果、蓮池さん夫妻や地村さん夫妻、曽我ひとみさんの子供たちの帰国が実現した。金正日氏は、2002年に北朝鮮側が示した拉致被害者の調査結果を「白紙」に戻し、再調査を行うとも約束した。2002年に示された調査結果は明らかな虚偽が含まれるほか、「8人死亡、2人は未入国」との根拠を示す物証を示さず、あまりにずさんな内容であった。日本側が到底受け入れられる内容ではなく、被害者家族からは憤りや落胆の声が次々に上がり、世論も呼応した。小泉首相は被害者家族に「拉致問題の解決なしに日朝間の国交正常化はありえない」と約束した。正日氏は、日本と国交正常化を実現させて経済協力を得るためには、拉致被害者の再調査という日本側の要求を受け入れざるを得ないと判断したのだろう。白紙からの再調査を約束し、政府機関とし

インドネシアで再会した曽我さん一家。ジャカルタの空港に到着したジェンキンスさん（右端）と抱き合う曽我ひとみさん。左から長女の美花さん、次女のブリンダさん＝2004年7月9日（代表撮影、ビデオ映像から）

て、警察に相当する人民保安省（現・社会安全省）の局長をトップとする「調査委員会」を立ち上げた。

2004年11月、外務省の薮中三十二《みとじ》アジア大洋州局長を首席代表とする交渉団が訪朝し、平壌で日朝実務者協議が行われた。この席で、北朝鮮側から「再調査」の結果が示されたが、「調査委員会としても遺憾だが、安否不明者の8人は全員亡くなっている。2人は入国していない」との内容で、従来の見解と変わらなかった。

日本側は帰国した5人の被害者から得た証言を中心に、北朝鮮側が2002年に示した「調査結果」の矛盾点を突きつけた。北朝鮮側は、めぐみさんの「死亡日」など、帰国した5人の証言で露呈した部分については訂正した。

北朝鮮側が説明を変えたのは、主に横田めぐみさんについてだった。横田さんは1993年3月に平壌市内の病院で、うつ病で自殺したと説明してきたが、「1994年3月に入院し、4月に死亡した」と訂正した。横田めぐみさんは1994年3月10日に、精神状態を積極的に治療するため、平壌市勝湖の49号予防院に入院。4月13日午前10時ごろ、予防院を散歩中に、一緒にいた担当医師が事務室に呼ばれて目を離したところ、事前に衣類を裂いて作った紐を使い、松の木で首を吊って自殺した、との説明だった。横田さんの夫から提供されたとする「遺骨」も出してきた。

日本政府は蓮池薫さんらから「横田めぐみさんは1994年3月に義州の病院に入院した」と

の証言を得ており、「移送したのは義州の病院ではないのか」と疑問を投げかけた。北朝鮮側は「義州の病院に送ろうという話は確かにあり、義州に行く予定で出発したが、途中で変更になり、49号予防院に入院した」と主張した。この点は虚偽である可能性が高い。実は、横田さんが入院した当時、横田さんを病院まで送っていったのは蓮池薫さんの運転手だった。この運転手は薫さんに「義州の病院まで送っていった。立派な病院だった」と話していたのだ。

北朝鮮が横田さんのものとして提供してきた「遺骨」は、1996年秋に夫が埋葬された遺体を掘り起こし、焼いて骨壺に入れ、自宅に置いていたと言い張った。夫は「特殊機関に所属するキム・チョルジュン」を名乗っていたが、2006年に、日本政府が実施したDNA鑑定により、韓国人拉致被害者の金英男さんであることが判明する。

日本の警察当局はこの「遺骨」から、DNAを検出できる可能性のある骨片10片を選定し、帝京大学と科学警察研究所に鑑定を依頼した。帝京大の鑑定では、4片から同一のDNAが、もう1片からは別のDNAが検出されたが、いずれのDNAも横田さんのDNAとは異なっていた。「遺骨」は横田さんとは別人だった。

北朝鮮は病院が作成した横田さんの「カルテ」とする資料も提供してきた。だが、横田さんの当時の年齢など異なる部分が数カ所あった。しかも、診療記録がなく、本人のものであることも確認できなかった。

このほか、増元るみ子さんと市川修一さんの結婚時期について、1979年の「4月20日」を

「7月20日」に訂正した。事務的な誤記を理由に挙げたが、蓮池祐木子さんの証言によれば、増元さんは1978年秋から1979年10月まで祐木子さんと招待所で一緒に生活しており、訂正した内容も明らかに矛盾していた。

2002年に北朝鮮が証拠として出した資料には不自然な点が多い。「死亡した」とする日本人被害者8人のうち、横田さん以外の7人の死亡確認書は同じ病院が発行していた。「死亡した」とされる場所の地域がそれぞれ異なるのに、なぜ、同じ病院で死亡確認書が作成されたのか。日本側の追及に、「すべて慌てて作った」として、捏造を認めた。「日本側から『死亡の証拠を出せ』と言われたが、(拉致を行った)特殊機関が死亡確認書に関する資料を焼却していた。だから、作った」と言い訳してきた。

一方、田口八重子さんと原敕晁さんについては、1984年10月に結婚し、1986年7月に相次いで死亡したという説明を変えなかった。「10日間のうちに夫婦が相次いで死亡したのは不自然ではないか」という日本側の問いかけに対し、「我々も残念だが、現実は現実だ。『災いは両方からやってくる』ということわざがあるが、こういう場合を指すのだろう」と意に介さなかった。

石岡亨さんと有本恵子さんについても、1988年11月に「静かなところに行きたい」と申し出て、平壌から北朝鮮北中部の熙川の招待所に移った直後に子供とともにガス中毒死したとの説明を変えなかった。日本側は「小さな子供もいるのに、なぜ、わざわざ不便なところに行ったのか」と疑問を呈した。北朝鮮側は「当時、彼らがどう考えたのかは調査できない。辺鄙《へんぴ》なところにあるのは事実だが、施設が古く電気暖房がないだけだ」と強弁するだけだった。

日本政府は2004年12月、北朝鮮による説明や提供された「物証」を検証した結果、「8名は死亡、2名は入国を確認せず」との北朝鮮側の主張を裏付けるものは皆無であるとの結論を出した。日本政府は北朝鮮側に抗議し、日朝国交正常化交渉の再開は頓挫した。北朝鮮は拉致問題について「解決済み」と繰り返すようになり、拉致問題の解決に向けた動きは停滞することになった。

北朝鮮側から2004年に示された日本人被害者らの説明は次のとおりだった。

◇横田めぐみさん

【入国の経緯】1977年11月15日夕、任務を遂行し帰ろうとしていた工作員がめぐみさんと遭遇し、やむなく連れてきた。拉致は計画的ではなく、突発的な行為であった。入国地点は清津。実行犯の工作員は、命令なく連れてきたことから職務停止処分を受け、その後復帰したが、2000年11月に脳出血で死亡した。

【入国後の生活】1977年11月から1981年春までは精神的安定のため平壌の招待所で生活し、朝鮮語学習等を行った。1981年春から1986年8月までの間は、平壌郊外の招待所(平壌市順安区域の大陽里)で日本語教育に従事した。1981年から1984年までの間は、田口八重子さんと一緒に生活していた。1993年4月29日から6月3日の間、8月3日から9月21日までは695病院で治療を受けた。めぐみさんの精神状態を積極的に治療するため、1994年3月、平壌市勝湖の49号予防院に入院させた。前日まで義州の精神病院に入院させることも検討されたが、少し様子を見ようということで、この49号予防院に入院させた。

【死亡の経緯】1994年3月10日から49号予防院に入院した後、4月13日午前10時ごろ、予防院を散歩中、近くの松の木で首をつって自殺した。担当の医師が一緒に散歩していたが、急用で医師は事務室に呼ばれ、目を離した。外ががやがやしていたので確認したところ、松の木で首をつって自殺していた。事前に衣類を裂いて作ったひもを用意していた。

【患者死亡台帳への記載】患者死亡台帳における、めぐみさんの名前の記載は、今回の再調査により、後で書き込んだものであることが判明した。2002年8月ごろ、当該機関関係者が来て台帳を求めたが、49号予防院には横田さんの死亡を確認できる具体的日時を覚えている人がおらず、当該機関関係者が正確でない日時に基づき、死亡台帳を作成し、名前を書いた。

【物証】日本での生徒証1枚、自筆のメモ1枚、写真3枚。

◇田口八重子さん

【入国の経緯】身分盗用に利用する相手を物色していた工作員が、「青島海岸まで行こう」として田口さんを誘引した上で、1978年6月29日、青島海岸から田口さんを連れてきて、海州《ヘジュ》から入境した。拉致の実行犯であるリ・チョルスは、1992年夏に死亡した。

【入国後の生活】1978年6月から7月までの間、地方の招待所で休息。1978年7月から1979年11月までの間は平壌市内の招待所で生活。1979年12月から1984年10月までの間は、平壌市郊外及び地方の招待所において日本語教育に従事し、特に、1981年から1984年までの間は、横田めぐみさんと一緒に生活していた。夫の原敕晁さんが平壌の病院に入院してからは、田口さんも平壌郊外の招待所に移り、原さんを見舞った。そこで他の日本人と一緒にいた可能性もあると思う。原さんと結婚後の1984年11月から1986年7月までは麟山の招待所で一緒に生活していた。

【結婚】1984年10月19日に原敕晁さんと結婚した。初めは、年の差が離れているため躊躇していたが、何回か会ううちに結婚に同意するようになった。これは、調査委員会の人間が特殊機関内に入って、関係者から話を聞いたものである。

【死亡の経緯】夫の死亡後、精神的な慰労のため元山に行って、休息をとった後の帰宅途中、1986年7月30日、馬息嶺《マシク》において軍部隊の車と衝突して死亡した。一緒にいた運転手も含め3名全員が死亡した。

【死亡後の処置】軍が事故後に被害者を引き上げ、元山周辺の郡病院へと搬送した。軍から連絡を受けた当該機関は、元山基地に指示を出し、棺を移送する準備をさせた後、遺体の引き渡しを受けた上で葬儀を行い、夫の墓地がある麟山に合葬した。

【遺体】１９９５年８月18日、豪雨により麟山郡上月里の貯水ダムが決壊したため、流失した。遺品は死亡当時に焼却された。

【朝鮮名】田口さんは共和国に入国して以来、コ・ヘオクとの朝鮮名で通してきており、他の朝鮮名はなかった。

【物証】馬息嶺交通事故資料。

◇原敕晁さん
【入国の経緯】１９８０年６月17日、宮崎市青島海岸において身分盗用のために連れて来た。原さんが金儲けと歯の治療のために海外行きを希望していたところ、工作員が背乗りのために戸籍謄本を受ける代価として、１００万円と共和国への入国につき合意した。原さんが合意を実行するため、島根県に行って戸籍謄本を持ってきたのに対し、工作員は要求通り、１００万円と高級背広１着を渡した。旅行準備を整えて、工作員とともに大阪から青島海岸まで列車で行き、１９８０年６月17日夕刻、海岸に出てから船に乗って、工作員とともに入国した。入国経路について、南浦《ナンポ》ではないかとの指摘を受け、もう一度確認したが、間違いなく海州だった。

【入国後の生活】１９８０年６月から７月、地方の招待所において休息。１９８０年８月から１９８３年４月、平壌市郊外の招待所において朝鮮語学習、現実了解及び現実体験。１９８３年５月から１９８６年７月、平壌市郊外及び地方の招待所において日本社会及び環境に関する教育に従事した。

【結婚】１９８４年10月19日、田口八重子さんと結婚した。

【入国後の生活】酒を好んでいた原さんは、１９８４年11月ごろ、医師より肝硬変との診断とともに、飲酒をやめて薬物治療を受けるように勧められた。しかし、妻も飲酒を好んでいたため、酒をやめられず、病状が悪化した。

【死亡の経緯】１９８５年２月から６９５病院において何カ月か入院治療を行い、多少好転したものの、１９８６年４月初めから６９５病院で入院治療を行っていたところ、７月19日に昏睡状態に陥り、食道静脈瘤出血により死亡した。

【死亡後の処置】妻の要求により麟山郡の招待所に処置した。１９９５年８月18日、豪雨により麟山郡上月里の貯水池ダムが決壊したため流失した。墓地の所在地や流失を証明する文書は存在しない。墓地の流失時期について、以前、１９９５年７月としていたのは、事務的な書き間違いである。

【遺品】死亡当時に焼却し、存在しない。

◇市川修一さん
【入国の経緯】１９７８年８月12日、鹿児島県吹上浜キャンプ場で語学養成のため、特殊機関工作員が拉致した。北朝鮮への入国地点は海州。

【入国後の生活】１９７８年８月から１カ月は地方の招待所で精神的安定のため休んだ。１９７８年９月から１９７９年３月までの間は、平壌市郊外の招待所で朝鮮語学習、現実体験を行った。１９７９年４月から９月までの間は、地方の招待所で日本語教育に従事した。

【結婚】１９７９年７月20日、増元るみ子さんと結婚した。以前４月20日と伝えたのは、事務的な誤記だった。

【死亡の経緯】１９７９年９月４日、元山海水浴場で、心臓まひで死亡。当日午前中は曇っていたが、午後は晴れており、風もなかった。気温は高くなかったが（最高気温22・５度）、水は冷たくないことから、泳いでいる人は少なくなかった。海水浴のシーズンは９月20日ごろまでである。市川さんは午後３時ごろ海水浴に来た。当時、麟山の招待所に住んでいたにもかかわらず、元山にいたのは１９７９年８月末から、担当指導員と江原道に緊急出張していたため。当時、元山市の松濤園《ソンドウォン》海水浴場で海水浴をしながら休んでいた。９月４日午後も担当指導員と海水浴をしていたところ、心臓まひにより、水の中に沈んだ。側にいた人や担当指導員が担ぎ出し、人民病院に連れて行き、病院で救急対策を講じたが、手遅れだった。

【死亡後の処置】当該機関関係者が棺を準備し、麟山郡の墓地に土葬したが、１９９５年８月18日の洪水で貯水ダムが崩壊し、流失した。調査委員会で人を動員したが、遺骨を見つけることはできなかった。

【遺品】焼却し、残っていない。

【目撃情報】１９９４年ごろ、市川さんを目撃したというのは根拠のない話である。

【物証】「死亡」当時の天候資料。

◇増元るみ子さん
【入国の経緯】１９７８年８月12日、鹿児島県吹上浜キャンプ場で語学養成のため特殊機関工作員が拉致した。北朝鮮への入国地点は海州。

【入国後の生活】１９７８年８月から９月までの間、精神的安定のため地方の招待所で生活した。１９７８年10月から１９７９年７月までの間、平壌市内の招待所で生活し、朝鮮語学習等を行った。朝鮮の歌もよく歌っていた。１９７９年８月から１９８１年８月までの間、地方の招待所で家族生活を送りながら、日本の社会環境の教育を行った。結婚前の７月下旬まで、蓮池（旧姓・奥土）祐木子さんと一緒に生活していた。

【結婚】１９７９年７月20日、市川修一さんと結婚した。以前、４月20日と伝えたのは、事務的な誤記だった。

【死亡の経緯】１９８１年８月17日、麟山郡の招待所で生活していたところ、心臓まひで急死した。当時の状況は、朝の食事の時間にもかかわらず人の気配がないことから、接待員が様子を見に行ったところ、毛布と共に床に落ちていた。接待員の知らせにより医者と指導員が駆けつけたが、すでに心臓は止まっていた。若い女性の心臓まひは珍しく、既往症がないことは承知しているが、突然死亡した。

【死亡後の処置】関係者で葬儀を行い、夫の市川修一さんの隣に埋葬した。1995年8月18日の洪水で貯水ダムが崩壊し、流失した。調査委員会で人を動員したが、遺骨を見つけることはできなかった。

【遺品】焼却し、残っていない。

◇石岡亨さん
【入国経緯】1980年に留学および観光目的でヨーロッパに出国し、マドリードで松木薫さんとともに、特殊機関工作員の一人との接触過程で共和国訪問を勧められて同意し、引き連れてくる目的で、スペイン、ユーゴスラビア、ソ連を経由して、1980年6月7日、平壌に連れてきた。

【入国後の生活】1980年6月7日から1カ月は平壌市内のホテルに滞在。1980年7月から1981年8月の間は、平壌郊外の招待所で生活し、朝鮮語の勉強、現実体験を行った。1981年8月から1988年10月ごろまでは、平壌郊外の招待所で日本語教育に従事した。1988年11月3日、「静かなところに行きたい」との理由で熙川市の招待所に担当指導員が同行し移った。

【結婚】1985年12月27日、有本恵子さんと結婚した。

【死亡の経緯】１９８８年11月4日、熙川市の招待所で就寝中、ガス中毒で死亡した。発見日時は、11月4日午前8時ごろ。発見の経緯は、朝食の時間を過ぎても部屋から出てこないことから、招待所の指導員がドアを開けたところ、部屋はガスで充満していた。家族3名はすでに死亡していた。事故があった招待所は、１９８９年秋に撤廃した。関係者は処罰され除隊した。

【死亡後の処置】６９５病院の医者と当該機関関係者が現地に出向き、部屋のかまどを調べたところ、床に細い亀裂が生じており、そこからガスが漏れていた。招待所で葬礼を行い、周辺の山に土葬した。遺体は、熙川市平院洞に葬られたが、１９９５年8月の土砂崩れで流失し完全に流された。

【遺品】本人の写真1枚が残っている。パスポートは探し出すことができなかった。

【手紙の投函】１９８８年8月、石岡さんが担当指導員と平壌商店でショッピング中、担当指導員が席を外したときに偶然、ポーランド人に出会った。石岡さんはポーランド人に自分を紹介し、故郷に安否を伝える手紙を託した。石岡さんはこの事実を後ほど担当指導員に伝えた。当時の担当指導員は、投函を阻止できなかったことから処分（除隊）された。石岡さんはウィーンから手紙を送ったことになっているが、事実はマドリードで書いた手紙を工作員に手渡し、工作員がウィーンで投函した。手紙の内容に「欧州の社会主義国を見回りたい」と書かれているのは、日本では自由にできなかったためである。本人の意思に従って自ら入国した。

【物証】熙川招待所の略図、「死亡」当時の天候資料。

◇有本恵子さん

【入国の経緯】1982年、留学のため英国に出国。特殊機関メンバーの一人が接触し、工作の過程で「共和国に行ってみないか」と言うと、「一度行ってみたい」と言ったことから、特殊機関が日本語教育に引き入れる目的で英国、オランダ、デンマーク、ソ連を経由して、1983年7月15日、平壌に連れて行った。

【入国後の生活】1983年7月15日から8月初めまで、蒼光山《チャングァンサン》ホテルに滞在しながら、市内参観を行った。市内参観は、平壌市内や地方の史跡、博物館、展覧館等を参観地とした。参観は、主な記念日等に本人の要求と希望等に従って行われた。1983年8月初めから1984年8月ごろまでの間は、平壌郊外の招待所で朝鮮語を勉強し、現実体験を行った。1984年9月初旬から1988年10月まで、平壌郊外の招待所で日本語教育に従事した。

【結婚】1985年12月27日、石岡亨さんと結婚。その後、リ・ヨンファという名前の娘を出産した。

【死亡の経緯】1988年11月4日、熙川市の招待所で就寝中、ガス中毒で死亡した。発見日時は、11月4日午前8時ごろ。発見の経緯は、朝食の時間を過ぎても部屋から出てこないことから、招待所の指導員がドアを開けたところ、部屋はガスで充満していた。家族3名すでに死亡していた。事故があった招待所は、1989年秋に撤廃した。関係者は処罰され除隊した。

【遺品】写真1枚、パスポートをすでに日本に引き渡した。

【よど号犯の関与】「よど号」メンバーの関与に関して、特殊機関において妄動分子の尋問資料も調査したが、同メンバーらが関与した証拠を見いだすには至らなかった（石岡亨さん、松木薫さんも同じ）。

【物証】熙川招待所の略図、「死亡」当時の天候資料。

◇松木薫さん
【入国経緯】1980年、留学と旅行のためヨーロッパに出発。スペイン・マドリードにおいて石岡亨さんとともに北朝鮮の特殊機関工作員と接触する過程で、北朝鮮入国に同意した。特殊機関工作員が日本語教育に引き入れる目的でスペインからユーゴスラビア、ソ連を経由し、1980年6月7日、平壌に連れてきた。

【入国後の生活】1980年6月から1カ月間、平壌市内のホテルに泊まった。1980年7月から1982年10月ごろまで平壌郊外の招待所で生活。1982年11月ごろから1996年7月ごろまで平壌郊外の招待所で、日本語教育、資料翻訳に従事した。

【死亡の経緯】1996年8月23日、両江道の革命史跡の調査に行く途中、車が転落し、火災事故により死亡した。特殊機関傘下の咸南《ハムナム》地区の車両で、車種はトヨタ黒咸南109。運転手は担当指導員であった。担当指導員と一緒に朝9時ごろ、平壌を出発し、咸鏡南道に17時ごろ到着した。車の状態がよくなかったので、夕食後、車を乗り換え、20時ごろ出発した。22時から23時ごろに死亡したと認定された。翌朝、人民軍の運転手が松木さんを発見し、軍の安全部に通報した。

【死亡後の処置】人民軍が用意した棺に松木さんと運転手の2人の遺体を入れ、近くの墓地に安置。埋葬地は、1996年8月24日、北青郡梧坪里《オッピョンリ》（土葬）。遺体がかなり損傷しており、現地に埋葬せざるを得なかった。当初は誰かが焼けた遺体を見て間違って火葬したと発言していたことが判明。2002年7月14日、北青郡人民委員会で、豪雨により破壊された道路の被害復旧作業を行っていた際、一部の遺骨が発見され、その中には松木さんの骨があると判断したため、平壌に運ばせて火葬した後、彼の名前で保管した。2002年9月、日本代表団に本人の遺骨であるかどうか確実ではないと言いつつ提示した。

【遺品】日本語教育のための教材として使われた劇のシナリオ「出航」及び写真1枚。それ以外は死後、招待所で焼却処分したため、残っていない。

【手紙の投函】ウィーンで投函されたものではなく、松木さんがすでにマドリードで書いたものを関係機関の人間がウィーンに行って送付したもの。

【物証】トチョル嶺交通事故資料、書籍1冊、写真1枚。

◇久米裕さん

久米裕さんは、我が国内に入っていないことが確認された。もしも、久米裕さんが我が国に入った上で死亡していたのであれば、その事実を通報するだけのことであり、入っていないものを入っていたということはできない。これまでの調査によると、(日本側が拉致の実行犯とする)金世鎬は我が国に入国していない。

◇曽我ミヨシさん

特殊機関の資料を調査し、当該機関関係者から聴取したところ、曽我ミヨシさんは、我が国内に入っていないことが確認された。我が国内に入っていたのであれば、そもそも日本側の要請した名簿に入ってもいなかった曽我ひとみさんを自発的に探し出し、帰国させた上、米国人の夫や娘まで送り出すということを我々がするはずがない。曽我ひとみさんを拉致した現地請負業者は判明していない。

停滞した日朝交渉

小泉純一郎首相が再訪朝し、帰国した拉致被害者5人の家族を日本に連れ戻した2004年以降、日朝交渉は停滞した。北朝鮮は核・ミサイル開発を進め、2006年10月9日、ついに初の核実験に踏み切った。当時の安倍晋三首相は「我が国の安全に対する挑戦であり、東アジアを中心とする国際社会の平和と安定に対する重大な脅威だ」と非難。核実験の2日後に、日本政府は国連安全保障理事会の制裁決議に先駆けて独自制裁を決めた。北朝鮮籍船の入港全面禁止、北朝鮮からの輸入の全面禁止、北朝鮮籍者の入国禁止などだ。

日本政府は11月に、鳥取県米子市から1977年に失踪した松本京子さんを北朝鮮による拉致被害者と新たに認定し、政府認定は「12件17人」となった。だが、圧力を強める日本に北朝鮮は猛反発し、日朝交渉の機運は遠のいた。

この間の経緯については、斎木昭隆元外務次官が詳しい。斎木氏は2002年の小泉訪朝の直後に外務省アジア大洋州局の参事官に就任。翌年には審議官に昇任し、北朝鮮との実務協議を担った。私がインタビューした2023年9月20日付朝日新聞朝刊の記事から、斎木氏の解説の一部を紹介する。

《5人以外に生存者はいないという北朝鮮の主張は全く根拠がなく、日本の世論は強く反発した。アジア大洋州局の審議官だった私は2004年、横田めぐみさんの遺骨と称するものを渡されて持ち帰った。ところが、DNA鑑定でめぐみさんと異なる複数の人のDNAが採取され、日本の世論はより硬化した。北朝鮮は求めに応じて調査したのに、その結果を受け入れないという不満があったのだろう。相互不信の強まりは、交渉が進まない要因になっている》

それでも、日朝が再び対話に乗り出す時期はあった。2007年9月に安倍内閣が退陣し、福田内閣が発足すると、停滞していた日朝関係が動き出すことになった。福田康夫首相は、一部の拉致被害者が帰国すれば拉致問題の進展と受け止め、段階的な制裁解除や支援を検討する方針を打ち出した。安倍政権の「圧力」路線から「対話」に比重を移す政策転換だった。

これに北朝鮮は呼応し、2008年6月、日朝の外務省実務担当者による公式協議が北京で行われた。日本側は外務省の斎木昭隆アジア大洋州局長、北朝鮮側は宋日昊《ソンイルホ》・朝日国交正常化交渉担当大使が出席した。

協議では、北朝鮮側が日本側の求めに応じ、日本人拉致問題の再調査を約束し、日航機「よど号」ハイジャック事件で北朝鮮に亡命した実行犯らの引き渡しに向けて調整することで合意。日本側は再調査の進展次第で、北朝鮮との人的往来規制や北朝鮮からの航空チャーター便乗り入れ規制を解除するなど、独自制裁の一部を緩和することを約束した。

「引き渡しに向けて調整」とされた対象者は、よど号事件実行犯の小西隆裕、若林盛亮、赤木志郎、魚本公博の4人と、実行犯の妻の森順子、若林佐喜子の計6容疑者。このうち、魚本容疑者と実行犯の妻2人が欧州を舞台にした日本人拉致事件に関与したとされる。魚本容疑者は1983年に貿易会社の社長を装い、デンマークで有本恵子さんに北朝鮮でのアルバイト話を持ちかけて拉致に関与。実行犯の妻2人は1980年、スペインで石岡亨さんと松木薫さんを旅行に誘い出し、北朝鮮に拉致した疑いがあり、それぞれ警視庁が国際手配している。帰国が実現すれば、取り調べによる供述から、欧州で起きた拉致事件の全容解明に近づく可能性があり、日本側は引

安倍政権などで日朝交渉を担った斎木昭隆・元外務省事務次官＝2023年9月15日、東京（高橋杏璃撮影）

き渡しを要求した。

日本国内では、被害者家族や政府内からも、安易な制裁解除には反対する声が上がった。福田首相は、膠着状態の拉致問題を動かすために、世論の批判を覚悟で「対話」に舵を切った。一方、北朝鮮側には、この日朝合意で対日関係を動かすという以外に、大きな狙いがあった。米国からのテロ支援国家指定の解除だ。北朝鮮はこの後、6者協議で義務づけられた「核計画の申告」を議長国の中国に提出し、米国からのテロ支援国家指定の解除を引き出すことに成功した。

日朝は8月に再び外務省実務者協議を中国で行い、北朝鮮が拉致被害者の再調査のための委員会を早期に立ち上げ、秋までに調査完了を目指すと約束した。だが、福田首相は翌9月1日、緊急記者会見を開いて突然、政権運営の行き詰まりを理由に辞意を表明した。北朝鮮は日本政府に「日本の事情に鑑み、(拉致被害者の)再調査のための委員会立ち上げを差し控える」と通告してきた。結局、拉致被害者の再調査、よど号事件実行犯らの引き渡し、見返りの制裁解除を内容とした日朝合意は白紙に戻り、実行に移されることはなかった。その後、発足した麻生内閣、民主党政権時代を通じて日朝交渉は進まなかった。

第5章

拉致問題の象徴「横田めぐみさん」

日本に帰りたい……横田めぐみさんの悲痛な訴え

「岸田さんだけでなく、安倍さんにも、その前の総理大臣にも同じことばかり、嫌になるほどお願いしてきて……。一番大事な問題だと言いながらも、なかなか動かない。何十年もの間いらいらし続けて、もうくたくたです」

2023年11月7日、13歳だった横田めぐみさんが北朝鮮に拉致されてから46年になるのを前に、母親の早紀江さんが記者会見で切実な思いを訴えた。87歳になった早紀江さんは3月に過労により自宅で倒れ、一時期入院を余儀なくされた。「神様、どうかお願いします。もう2年だけでも、がんばる力をください」と、思わず声が出たという。

この日の記者会見では、金正恩総書記が「キム・ジュエ」とされる娘と一緒に登場する場面が多くなっていることに触れ、正恩氏に訴えた。「かわいい女のお子さんを、慈しんで、かわいがっているんだろうと思います。あなたの優しいお気持ちは、私たち家族も同じです。子供たちを思って、待っているということを分かっていただきたい」

横田めぐみさんは、北朝鮮に拉致された日本人被害者の中でもシンボル的な存在として知られる。自分の意思に反して無理やり北朝鮮に連れて行かれ、厳しい監視下に置かれたのは他の被害者も同じだが、13歳の少女が拉致されたという悲劇は、日々を平和に暮らしている日本人にとっ

家族旅行で母・早紀江さんに寄り添って記念撮影するめぐみさん（小4）＝1974年、広島県呉市の音戸の瀬戸公園（横田滋さん撮影、あさがおの会提供）

広島県内を旅行中の列車での一コマ。横田めぐみさん（左から2人目）＝1972年ごろ（横田早紀江さん撮影、あさがおの会提供）

て大きな衝撃だった。

めぐみさんは1977年11月15日、部活動のバドミントンの練習を終えて帰宅途中に、自宅まで約250メートル手前で友達と別れた後、北朝鮮工作員に襲われた。現場は新潟市内の日本海岸に近い住宅街。北朝鮮側の説明では、工作員がたまたま下校途中のめぐみさんと遭遇し、発覚を恐れるために拉致した。めぐみさんを狙った計画性のある事件ではなく、突発的に発生したという。

帰国した拉致被害者5人の証言などによると、めぐみさんは拉致された後、1978年8月から1979年10月にかけて、一時期を除いて曽我ひとみさんと平壌の招待所で共同生活をしていた。めぐみさんは明るく振る舞うようなことはなかったが、心身ともに健康だった。曽我さんには「ずっと一人で泣きながら暮らしていた」と話し、曽我さんとの共同生活が始まったことにより多少、落ち着きを取り戻した様子だったという。拉致された当時の状況については曽我さんに「部活からの帰宅途中、友達と別れてから突然、後ろから男につかまれた」と話した。2人は家族の話を交わしたり、童謡を一緒に歌ったりして次第に打ち解けていった。めぐみさんは押し花を作るのが得意だったという。1979年1月から本格的な朝鮮語学習が始まり、週2回のテストがあった。めぐみさんは朝鮮語の覚えが早く、特に会話が上手だった。指導員の言うことを信じて、2人で「朝鮮語が上手になれば日本に帰れるね」と励まし合ったという。

その後、曽我さんはジェンキンスさんと結婚。めぐみさんは1983年秋から、田口八重子さんとの共同生活が始まる。そこは平壌郊外にある「忠龍里招待所」で、蓮池さん夫妻や地村さん夫妻もいた。めぐみさんは精神的に追い詰められていたが、夫となる「キム・チョルジュン」と出会ってからは、化粧をするようになるなど元気を取り戻したという。めぐみさんが日本語を教えることになったのが2人の出会いのきっかけだった。「キム・チョルジュン」と名乗る男性は後に、韓国人拉致被害者の金英男さんと判明する。

めぐみさんは1986年夏、蓮池さん夫妻や地村さん夫妻とともに「大陽里招待所」に移った。ここで金英男さんと結婚し、ウンギョンさんを出産した。子どもの服を作るなど、幸せそうな表情を見せるようになった。だが、次第に蓮池さん夫妻や地村さん夫妻に「日本に帰りたい」と訴えるようになり、黙り込むことが多くなった。徐々に精神状態は悪化していったという。めぐみさんは1994年3月に入院。その後のめぐみさんの消息について、蓮池さんらは何も知らされていない。

めぐみさんの存在が日本国内で広く知られるようになるまでには、拉致から20年の歳月を要した。1997年2月、韓国に亡命した元北朝鮮工作員の証言をもとに、報道や国会で、20年前に失踪しためぐみさんは北朝鮮に拉致されていたとの「疑惑」が取り上げられた。13歳の少女が無理やり北朝鮮に連れて行かれたというニュースは衝撃的だった。

翌月には、拉致被害者の家族らが被害者家族連絡会を結成。代表にはめぐみさんの父親・滋さんが選ばれた。家族会や支援団体が街頭署名や集会を通じて被害者の救出を訴え、その活動が報道されることにより、拉致問題は日本中に認知されていった。北朝鮮は2002年に当時の小泉純一郎首相が訪朝した際、めぐみさんは死亡したと主張。2004年には日本政府に対し、「めぐみさんのもの」として「遺骨」を渡してきたが、日本政府はDNA型鑑定で、「別人のもの」と断定していることは既に述べた。

この「遺骨」が渡されたのは2004年11月に平壌で開かれた実務者協議だった。北朝鮮側はそれまで、めぐみさんは1993年3月に平壌市郊外の病院でうつ病で自殺したと説明していたが、この協議では「1994年3月に入院し、4月に死亡した」と訂正。提供した「遺骨」は、夫が埋葬されていた遺体を1996年秋に掘り起こし、焼いて骨つぼに入れたものとの説明だった。

北朝鮮は、横田めぐみさんについて、「死亡した」との主張を変えていない。その根拠を示さず、矛盾に満ちた説明を繰り返すばかりだ。

夫は韓国人拉致被害者

めぐみさんの夫「キム・チョルジュン」が、韓国人拉致被害者の金英男さんと判明したのは2006年のことだった。

金英男さんは高校1年生だった1978年8月、韓国南西部の全羅北道《チョルラプクト》の島に海水浴に出かけたまま失踪した。その後、脱北した北朝鮮元工作員の供述などで拉致された疑いが浮上。めぐみさんの夫は韓国人拉致被害者ではないかとの情報は、韓国の拉致被害者の家族らで作る「拉北者家族会」から寄せられた。拉北者家族会の代表が、北朝鮮の政府関係者から聞き出した情報だった。日本政府は、金英男さんの家族から採取した血液や毛髪などのDNA型と、キム・ウンギョンさんのDNA型が符合するかどうかを調べるため、神奈川歯科大学と大阪医科大学に鑑定を依頼した。その結果、2人が父子関係にある可能性が高いとの結果が出た。日本政府は2006年4月にこの事実を発表した。北朝鮮側はすぐに反応し、人道問題として韓国で暮らす金英男さんの母親と会わせる考えを公表した。

2006年6月下旬、北朝鮮で暮らす金英男さんと、韓国に住む母親の崔桂月《チェゲウォル》さんは北朝鮮南東部の景勝地、金剛山《クムガンサン》のホテルで28年ぶりに再会した。北朝鮮は、南北離散家族の再会事業の一環との位置づけで、母子の再会に応じた。金英男さんは拉致された後、初めて公の場に姿を見せた。崔さんは泣きながら息子を抱きしめた。めぐみさんとの間に生まれた娘のウンギョンさんも同席し、傍《かたわ》らで涙ぐんだ。北朝鮮は韓国メディアの取材を許可し、この感動の再会は韓国で大きく報道された。人道的な見地から最大限の便宜を図ったということを韓国世論にアピールする狙いがあったのだろう。

翌日、金英男さんは記者会見で、自身が拉致されたことを否定した。海水浴に出かけた島で「先輩とトラブルになり、身を隠そうと小舟に乗った。眠っていたら沖に流され、通りかかった北朝鮮の船に救助された」と語り、自主的に北朝鮮に残ったと強調した。北朝鮮で大学を卒業後、「特殊機関で働いている」と説明した。

横田めぐみさんとは1986年に初めて出会い、日本語を習うなかで親しくなり、結婚したと語った。横田さんについては「うつ病になり、1994年に自殺した」と述べ、北朝鮮の主張をなぞった。日本の「遺骨」鑑定の結果は「謀略だ」と批判することも忘れなかった。

北朝鮮は、小泉純一郎首相が訪朝した2002年9月にめぐみさんを含め、日本政府が認定する拉致被害者8人を「死亡した」と発表し、めぐみさんの娘、ウンギョンさん（当時は「ヘギョン」と発表）の存在も明らかにした。ウンギョンさんの日本への永住帰国を求める日本政府に対し、北朝鮮は拒否する一方で、1カ月後に朝日新聞、毎日新聞、フジテレビに対し、平壌のホテルでウンギョンさんへのインタビューの機会を設けた。15歳の中学生というウンギョンさんは、母親が日本人であることは最近知ったといい、拉致された事実は「知らない」と答えた。日本で祖父母と暮らしたくないかと質問されると、涙ながらに「私のお父さんは朝鮮人。お母さんが日本人だからといって、どうして行くことができますか」「なぜ、おじいさんやおばあさんは（北朝鮮に）会いに来ないのか」と訴えた。

北朝鮮当局の監視下の中で行われた会見である。ウンギョンさんはこうも語った。

「労働新聞を見て、遠からず日本と我が国はすぐに国交正常化になると思う。そのときには我が国と日本が思い通りに行き来できるのではないですか。そうなれば、私もおじいさん、おばあさ

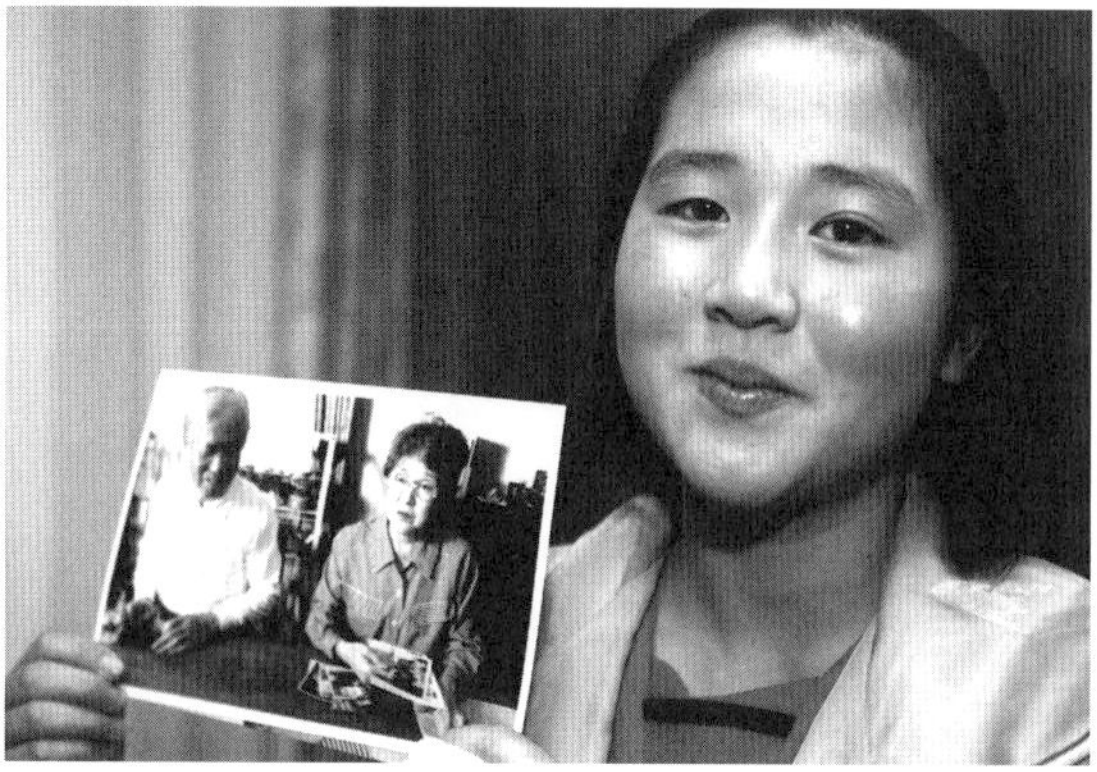

横田滋さん、早紀江さんの写真を手に笑顔を見せるキム・ウンギョン（ヘギョン）さん＝2002年、平壌市内（吉村功志撮影）

んの家に一度は行ってみたい」

拉致問題で日本の世論が反発するなか、日本からの経済支援を期待し、日朝国交正常化に向けて交渉を進めたい北朝鮮の意図に沿った発言を繰り返すように求められていたのだろう。記者会見後、横田滋さんと早紀江さん夫妻は両政府を通じて、ウンギョンさんに手紙を送った。その中で「日本に招待するのでぜひ来てください。ディズニーランドや京都、広島に行きましょう」と呼びかけた。だが、北朝鮮側は、滋さんと早紀江さんに、孫娘と会うための訪朝を呼びかけるメッセージを出し続けてきた。

滋さんと早紀江さんの目の前でウンギョンさんに「お母さんは亡くなった」と言わせ、「死亡」を受け入れさせたい。横田めぐみさんは拉致問題のシンボル的存在であることから、めぐみさんの両親が声を上げなくなれば、拉致問題全体の幕引きを図ることができる。そんな北朝鮮の意図が伝わってくる。被害者家族会や支援団体は滋さんと早紀江さん夫妻の訪朝に反対し、夫妻自身も孫娘に会いたいとの気持ちに耐えながら、拉致問題の解決を日本政府や世論に訴え続けてきた。

ウンギョンさんの日本定住案

実は、北朝鮮政府内でも、日本人拉致を認めた2002年当時、ウンギョンさんをめぐみさんの両親と日本で定住させる案を検討していたようだ。内閣官房拉致被害者・家族支援室は200

4年に、帰国して2年が経過した被害者5人に聞き取り調査を行ったが、その中で被害者の1人は次のように証言した。

「自分が一昨年（2002年）に帰国する前、（ウンギョンさんを）日本の祖父母のもとで生活させるという話があった。北朝鮮内部でそういう動きがあったことは確かだ」

ただ、北朝鮮がこの案を日本側に提案することはなかった。理由について、この被害者は「ウンギョンさんの父親が反対したためと聞いている」と説明した。

日本政府関係者によると、日本政府内ではこの証言を重視し、ウンギョンさんが日本の大学に通いながら、めぐみさんの両親と生活できるように、北朝鮮側と交渉に入ることが検討されたという。しかし、日本政府内には「北朝鮮の意図は、めぐみさんの『死亡』を受け入れさせ、拉致問題に幕引きを図ることだ」との反対意見も強く、北朝鮮側と具体的な交渉には至らなかったという。結局、ウンギョンさんは北朝鮮の大学に進学し、日本定住案は立ち消えとなった。

北朝鮮が2004年に、めぐみさんのものとして提出した「遺骨」からは、日本側の鑑定で別人のDNAが検出されている。カルテなどの記録や関係者の証言も含め、北朝鮮は「死亡した」との主張を裏付ける証拠を一切示していない。

「拉致問題は解決済み」と主張し続ける北朝鮮との交渉を動かすにはどうすればいいのか。日本政府内で浮上したのが「ウンギョンさんとめぐみさんの両親が第三国で面会する」との案だった。

北朝鮮は、ウンギョンさんとの面会のために、めぐみさんの両親に訪朝を呼びかけてきた。北朝鮮の狙いは、めぐみさんの両親にめぐみさんが「死亡」したとの主張を受け入れさせ、拉致問題の幕引きを図ることにあったのは間違いないだろう。日本政府としては、北朝鮮の意図に乗るわけにはいかない。とはいえ、めぐみさんの両親が孫と会えない状況が続くのは酷なことだった。

面会の実現に向けて動き出したのは、2012年12月に安倍晋三氏が首相に返り咲いた後だった。「第三国での面会」を打診し、北朝鮮側が受け入れた場合は、「拉致問題は解決済み」と主張する北朝鮮と、停滞する交渉を前に進めることができるのではないかという思惑もあった。

安倍氏は2012年12月に首相に返り咲くと、早々に拉致被害者家族会と首相官邸で面会した。「私がもう一度総理に就いたのは、拉致問題を解決しなければという使命感によるものだ。今までの反省を踏まえて戦術を練る」「必ずこの問題は安倍内閣で解決する」と約束した。

ただ、核・ミサイル開発を進める北朝鮮は、国際社会で孤立を深めていた。2013年2月には、2006年10月、2009年5月に続く3回目の核実験を強行した。国連安保理は翌3月に、加盟国に核兵器・弾道ミサイル開発につながるあらゆる金融取引の凍結・停止を義務化し、船舶などの貨物検査も違反の疑いがある場合は実施を義務づける内容の新たな制裁決議を採択した。日米韓が連携し、強い制裁内容を求め、慎重だった中国が受け入れる形で採択が実現した。安倍氏は「常任理事国で拒否権もある重要な立場の中国や、非常任理事国の韓国と連携をとりながら、採択に向けて協力し合ってきた」「各国がこの安保理決議にのっとって義務を果たしていくことが重要だ」と述べ、国際社会に制裁の履行を呼びかけた。一方で、「対話」路線を模索し、日朝交渉再開に向けて糸口をつかむ必要があるとも考えた。

安倍氏は5月に、飯島勲・内閣官房参与を訪朝させた。飯島氏は小泉純一郎氏の首相時代の政務秘書官で、2002年の小泉訪朝に同行したメンバーの1人でもある。飯島氏は平壌で、金永《キムヨン》南《ナム》・最高人民会議常任委員長や金永日《キムヨンイル》・朝鮮労働党書記、宋日昊・朝日国交正常化交渉担当大使らと会談した。なかでも金永南氏は序列ナンバー2であり、外交官出身の金永日氏は党国際部長などを歴任し、国際関係を担当していた。北朝鮮は飯島氏を「厚遇」で迎え入れたと言える。

この突然の訪朝は、事前に同盟国の米国や韓国にも伝えずに、電撃的に行った。米国は「これからは緊密な情報交換が大事だ」「北朝鮮が関係各国の立場の違いを利用し、分断を図る戦略に移行することはわかっていた」(デービース北朝鮮政策特別代表)と不快感を露わにした。

米韓の反発は予想されたが、安倍氏は「米国の拉致問題への関心は核・ミサイルほど高くない。日本が主体的に取り組むしかない」と決断。飯島氏に「相手が何を望んでいるのか、それを聞き出してきてほしい」と指示し、送り出した。飯島氏の役割は、北朝鮮に拉致問題について交渉する用意があるかどうかを探ることだった。北朝鮮が飯島氏の訪朝を受け入れたのは、核実験などにより国際社会の制裁措置が強まるなか、拉致問題を日本との外交カードに使い、日本から制裁の緩和を引き出すことができるのかどうか、見極めたい意向があったためとみられる。

飯島氏は10年後の2023年9月になり、自身が当時作成した「交渉記録」を「文藝春秋」10月号に掲載した。注目に値するのは、金永日氏の発言だ。拉致問題について「双方に立場の違いがあることは認める。関係者が虚心坦懐に協議して、意見の相違点を解消していくなら、拉致問題も障害にならなくなるだろう。誤解や不信を解消していくなら、結着点を見いだすことができ、平壌宣言も履行できる。こうした我々の考えを総理にも伝えていただきたい」と述べたそうだ。金永日氏が独断で、日本側にこのような発言をできるとは思えない。当然ながら、最高指導者である金正恩氏の許可を得ていただろう。

秘密交渉で実現した面会

横田滋さんと早紀江さん夫妻が第三国で孫のウンギョンさんと面会する。その案が実現に向けて動き出した。主導したのは外務省だった。

横田滋さん、早紀江さん夫妻はウンギョンさんとの対面を希望しているのかどうか。外務省がその真意を確認したのは2013年夏だった。ウンギョンさんに「お母さんは亡くなった」と言わせる北朝鮮の宣伝工作にのってはいけない。こうした支援団体などからの忠告を受け入れ、早紀江さんはこれまで面会に慎重な姿勢であったが、外務省幹部からの提案に前向きな意思を伝えた。

外務省は横田夫妻の意向確認を終えると、斎木昭隆事務次官が安倍氏に対し、第三国での面会に向けて北朝鮮側と水面下の交渉を始めたいと提案した。「もしうまくいけば、拉致問題の解決に向けた本格交渉の再開にもつながる」と進言した。安倍首相は「うん、わかった。それで進めてくれ」とゴーサインを出した。

斎木氏は2023年9月のインタビューで、安倍氏との当時のやりとりなどを明かしているので、その一部を紹介したい。

《当時、ウンギョンさんに娘が生まれたという情報が入ってきた。第三国での面会を当時の安倍晋三首相に相談したところ、『これは実現させましょう』と強い意向を示された。北朝鮮側は『モンゴルならいい』と言ってきた。総理に報告すると、『(モンゴルの) エルベグドルジ大統領に頼んでみる』と言われた。大統領は二つ返事で『日朝関係の役に立ちたいと思っていた。(モンゴルの) 迎賓館があるから、好きなだけ使ってほしい』と快く引き受けてくれた》

外務省が通常、国交のない北朝鮮側とやりとりする際は、中国・北京の大使館ルートを通じて行う。北朝鮮による核実験や弾道ミサイル発射に対する抗議は、この連絡方法を使っている。両国の外務省間による公式ルートだ。だが、北朝鮮外務省は独裁国家の政府組織のなかで、その地位はけっして高くない。日本政府は、トップの金正恩氏に日本側の意向が正確に伝わる保証はないとみている。このため、水面下で交渉を進める際には極秘ルートを使う。この時は、北朝鮮の秘密警察・国家安全保衛部とのパイプがあった。

複数の日本政府関係者によると、外務省が保衛部との関係を築いたのは2000年ごろ、槙田邦彦氏がアジア局の局長を務めていた時代だったとされる。保衛部の窓口は課長の肩書を持つ「キムジョンチョル」と名乗る男性で、2000年8月に日本で行われた日朝国交正常化交渉の際に交渉団の一員として来日した経験があるとの情報もある。その上司は「柳敬《リュギョン》」と名乗り、肩書は保衛部の副部長だった。

その人脈を引き継いだのが2001年にアジア大洋州局長に就任した田中均氏で、2002年の日朝首脳会談の実現に向けて事前に行われた秘密交渉を担った。日朝首脳会談後も日本政府は田中氏のカウンターパートである柳氏の名前を伏せ続けたことから、メディアなどの間では「ミスターX」と呼ばれた。

外務省は2002年以降も担当者を替えながらこのパイプをつなげてきた。柳氏が粛清された後の一定期間は関係が途絶えたが、その後に復活。「キムジョンチョル」と名乗る男性と定期的に中国や東南アジアで面会し、コンタクトを取ってきた。2014年当時はその任を小野啓一・北東アジア課長が担っていた。小野氏はキム氏と接触し、横田さん夫妻とウンギョンさんの第三国での面会に向けた交渉を持ちかけた。

50代になったキム氏の肩書は以前と変わらず、小野氏と同じ「課長」だった。交渉には北朝鮮側からキム氏の上司である「参事」の肩書を持つ人物が加わり、日本側も伊原純一・アジア大洋州局長が同席した。北朝鮮の在外公館がある中国やベトナムなどで、通訳を交えて2対2の秘密協議が重ねられた。

「参事」は、トップと直接コンタクトを取ることが可能な「二代目ミスターX」なのか。田中氏の交渉相手だった柳氏は副部長の肩書で、協議の場で日本側の要求に即答することもあり、ある程度の裁量権を与えられているようであった。一方、この「参事」は日本側の提案にその場で意思を示すことは少なく、「本国に持ち帰る」として回答を保留し、次の協議で北朝鮮側の考えを伝えてくることが多かったという。「柳氏ほどの権限はないのではないか」。秘密交渉を知り得る立場にあった首相官邸と外務省のごく一部の関係者の間にはそのような評価もあったが、再び国家安全保衛部の幹部が折衝の場に出てきたことから、正恩氏が本気で対日交渉に臨もうとしているのではないかとの期待感があった。

北朝鮮側は当初、「横田滋さん、早紀江さん夫妻が訪朝してウンギョンさんと面会してはどうか」と持ちかけてきた。だが、日本側が「それはできない。第三国でなければ無理だ」と反論すると、第三国での面会にあっさりと同意した。

そこで、日本側は面会場所に永世中立国のスイスを提案した。スイスは北朝鮮との国交があり、北朝鮮の大使館や国連代表部も置かれている。北朝鮮にとっても受け入れやすい提案と考えた。だが、北朝鮮側は「スイスは面会場所としては遠すぎる」と難色を示し、「中国はどうか」と提案してきた。

中国はかつて、帰国した拉致被害者と北朝鮮に残る家族との面会場所として候補に挙がったことがあった。日朝は2004年に、2年前に帰国した拉致被害者5人の家族8人の帰国について合意した。だが、曽我ひとみさんの夫で元米兵のジェンキンスさんは当時、米政府から脱走罪で訴追される恐れがあり、日本への渡航を拒んでいた。日朝間で第三国での面会が検討され、候補地として中国国内が検討された。ただ、日本政府は「北朝鮮の影響が強すぎる」などと懸念し、北朝鮮側と代替案を模索した。

①米国と犯罪人引き渡し条約を結んでいない、②北朝鮮と外交関係がある、③家族が長期滞在できる——ことが条件だった。それを満たす国としてインドネシアが選ばれた。曽我さんは北朝鮮に残っていたジェンキンスさん、2人の娘とインドネシアで再会を果たし、その後、ジェンキンスさんも日本での定住を決めた。

このような過去の経緯からもわかるように、横田さん夫妻とウンギョンさんの面会場所に中国を推す北朝鮮の提案を受け入れた場合、日本国内の反発が予想された。このため、日本政府は、北朝鮮と国交があり、民主党政権時代に日朝協議も行われたモンゴルでの面会が適当と考えた。

前述したとおり、2013年9月にモンゴルのエルベグドルジ大統領が来日すると、安倍氏は東京都内の私邸に招き入れ、その場で協力を要請した。「喜んで協力する」とエルベグドルジ氏は快諾した。翌月に訪朝した際には、北朝鮮側に日本の意向を受け入れるように後押しまでしてくれた。この後、翌年にかけて日朝の交渉担当者が中国やベトナムなどで秘密協議を断続的に重ねた結果、最終的には北朝鮮がモンゴルでの面会に同意した。

6者協議閉幕後、握手する外務省の斎木昭隆アジア大洋州局長（左）と北朝鮮の金桂寛外務次官（右）＝2008年7月12日、北京の釣魚台迎賓館（代表撮影）

日本語を理解するウンギョンさんの夫

横田滋さん、早紀江さん夫妻と孫のウンギョンさん、その家族の面会が実現したのは2014年3月だった。モンゴル・ウランバートルの迎賓館で、3月10日～14日の5日間行われた。

面会の段階になっても日本政府内では箝口令《かんこうれい》が敷かれ、「極秘」扱いとされた。事前に情報が共有されたのは、安倍首相のほかに、首相官邸では菅義偉官房長官、杉田和博官房副長官、今井尚哉《たかや》首相秘書官、北村滋内閣情報官ら数人。外務省内でも岸田文雄外相、斎木昭隆事務次官、事前交渉を担った伊原純一アジア大洋州局長、小野啓一北東アジア課長らごく一部に限られた。多くの閣僚や政権幹部には寝耳に水のことだった。古屋圭司拉致問題担当相はこの件で安倍氏と直接のやりとりを行い、モンゴル政府への働きかけの一役を担ったが、拉致問題対策本部事務局の幹部には伝えられていなかった。夫妻も事前にモンゴルへの訪問予定を明かさず、周囲には「京都に法事に行く」と話し、外務省職員の随行を伴い極秘にモンゴルに向かった。

ウンギョンさんは夫と生後10カ月の娘も連れてきていた。日朝両政府の通訳1人ずつが同席するなか、滋さんと早紀江さんはウンギョンさんらとの時間を過ごした。「めぐみの若い時の感じによく似ていた。前から一緒にいたような感じだった」。早紀江さんは、ウンギョンさんにめぐみさんを重ねた。

滋さんと早紀江さんはひ孫のためにおもちゃのピアノをプレゼントした。ひ孫は歩行器のようなものに入り、首を振りながら歩き回っていたという。早紀江さんはひ孫についても「小さいころにテレビの『ひょっこりひょうたん島』の音楽に合わせて歩いているめぐみちゃんにそっくり」と感じた。ウンギョンさんは野菜をゆでで、スープのような料理を振る舞った。

ウンギョンさんは夫と、金日成総合大学の学生時代に知り合ったという。夫の日本語は片言だったが、横田さん夫妻が話す日本語を理解している様子だった。ウンギョンさん自身も多少は日本語を理解できるようだった。途中からはウンギョンさんの要望で通訳が部屋を出て、滋さん、早紀江さん夫妻とウンギョンさんの家族のみで語り合った。

「なぜ早く来てくれなかったのですか」。ウンギョンさんの問いかけに、早紀江さんは「あなたが嫌いだからじゃないんですよ。国と国との難しい問題があって、時間がかかるんですよ」と答えた。早紀江さんは別れ際、ウンギョンさんの手を握り、「希望を持っていきましょう。希望ですよ」と涙を流しながら笑顔を向けた。ウンギョンさんは頷いていたという。

面会を極秘扱いにしたのは、滋さん、早紀江さん夫妻が静かな環境でウンギョンさんと会いたいと希望したこともある。この時期、拉致問題の解決に向けた日朝交渉が再開されるのではないかとの関心がマスコミで高まり、報道各社の間では、夫妻とウンギョンさんの面会が行われるのではないかとの観測も流れていた。

前年から続いていた日朝の秘密交渉では、面会に向けた協議のほかに、拉致問題を含む日朝交渉の再開に向けた協議も同時に行われていた。日本側が提案したモンゴルでの面会に北朝鮮側が同意したことから、日朝の正式交渉再開に向けた環境整備も整いつつあった。面会の1週間前、3月3日には中国・瀋陽で、日本赤十字社と北朝鮮の朝鮮赤十字会による日朝赤十字会談が開催され、第2次大戦後、北朝鮮の地に残された日本人遺骨の問題が話し合われた。この会談に合わせて日朝の外務省課長級による非公式協議も行われた。

前年に始まった日本外務省と北朝鮮の国家安全保衛部による秘密交渉の事実は伏せられたままだったが、この非公式協議は約1年4カ月ぶりの日朝政府間協議として公表された。日本側は拉致問題が進展する可能性が高いと判断し、このタイミングで日朝の「表の交渉」を行い、世論の機運を高めようとしたのだ。

このように、横田さん夫妻が孫のウンギョンさんと面会したのは、日本国内で日朝に関心が向けられた時期だった。事前に情報が漏れた場合、モンゴルに日本から取材陣が押し寄せることが予想された。

面会の事実が報道されたのは、夫妻が帰国した2日後の3月16日。読売新聞がこの日の朝刊1面トップで特報した。日本外務省はこの報道を受ける形で、モンゴルでの面会を発表した。報道各社はテレビも新聞も大きく扱った。この面会が成功したことを契機に、拉致問題をめぐる日朝協議が本格的に始まるのではないか。世間の関心は一気に高まった。

滋さんと早紀江さんはモンゴル滞在時に北朝鮮側から、ウンギョンさんの娘が1歳の誕生日を

キム・ウンギョン（ヘギョン）さんの写真を掲げ会見する横田さん夫妻＝2002年10月24日、東京

迎える2カ月後の5月に訪朝し、ウンギョンさんやその家族と再会してはどうかと持ちかけられていたことが後に明らかとなった。北朝鮮側が今まで認めてこなかった第三国での面会に同意した背景には、滋さんと早紀江さんがウンギョンさんと対面すれば、離れて暮らす孫娘に再び会いたいとの気持ちが高まり、訪朝を決心させることができるのではないかとの思惑があったのかもしれない。夫妻が訪朝し、ウンギョンさんから「お母さんは亡くなった」と説得を受け続ければ、めぐみさんが「死亡した」とする北朝鮮の主張を受け入れるのではないかとの皮算用があったとも考えられる。

日朝はこの年の5月、日本が北朝鮮に対する制裁を一部緩和することと引き換えに、北朝鮮が拉致被害者を含む日本人の再調査を行い、日本人の遺骨や遺族の墓参についても協議するとしたストックホルム合意に至った。だが、日本側が期待した成果は得られぬまま、この合意は事実上、破綻した。その経緯については次章で紹介するが、北朝鮮による核実験や弾道ミサイル発射で日朝関係が悪化するなか、滋さんと早紀江さんには、拉致されためぐみさんの安否に関する新たな情報はもたらされなかった。拉致被害者家族会を結成し、夫妻で全国を回って講演し、拉致被害者救出を訴え続けてきた横田さん夫妻。北朝鮮で暮らす孫娘のウンギョンさんとの再会も実現しないまま、滋さんは２０２０年6月に87歳で他界した。

「表現しようもないほどむなしい。早く日朝会談を開き、知恵を働かせて、お互いが幸せになれる方法を考えてほしい」。残された早紀江さんは、娘の身を案じて悲痛な訴えを続けている。

第6章　ストックホルム合意の舞台裏

粛清された「ミスターX」

有名ブランドショップや高級レストランなどが軒を連ねるソウル南東部・江南《カンナム》。その一角にある焼き肉店の個室に入ると、約束の相手はすでに到着し、テーブル奥の椅子に腰掛けていた。遅刻したわけではなかったが、先方を待たせてしまったようで少し気まずい。「遅くなり申し訳ありません」。韓国語であいさつすると、エアコンの効いた室内で薄手のカジュアルなジャケットに身を包んだ中年男性はすくっと立ち上がり、柔和な笑顔で「いえいえ、お会いできて光栄です」と右手を差し出してきた。

私が特派員としてソウルに駐在していた2021年夏のことだ。その紳士然とした男性は北朝鮮で抑圧体制を支える機関に所属していたが、とある理由から脱北し、韓国に暮らす。知人の紹介で昼食を共にできることになったが、韓国メディアなどの取材はオフレコでも断ってきており、この日も取材ではなく「食事しながらの雑談ならOK」との前提条件が付いた。

北朝鮮で従事した職務や見聞きしたことは概ね、韓国の情報機関・国家情報院の聴取に証言しているだろう。だが、報道機関の取材や講演の要請などに応じて、自身の体験を公言することは一切しない。それだけ、北朝鮮が嫌がる秘匿性の高い情報を持っているということだ。

ここではP氏としておく。何人もの脱北者に会ってきたが、大学を出て政府機関に勤めていたエリート層は総じて品があり、話しぶりから賢さが伝わってくる。P氏もその1人だった。日本についての造詣もあるようで、「京都や箱根など、いいところがたくさんありますよね」と言う。ただ、「北朝鮮にいた時に、日本に来たことがあるのですか」と尋ねると、イエスともノーとも答えずに笑顔を浮かべるだけだ。何ともつかみどころがない。

雑談を2時間近く続けた後に、「お答えづらいことを、1つだけ聞いてもいいですか」と向けた。「どうぞ」と言うので、本題を切り出した。「かつて、日本との秘密交渉を担った国家安全保衛部の柳敬副部長は本当に粛清されたのですか」。10秒ほどの沈黙が流れた後、彼が口を開いた。「私が知っていることは一部です。その知っていることも、すべてお話しすることはできません」

柳氏は前述したように、金正日総書記が日本人拉致を認めた2002年の日朝首脳会談の実現に向けて、1年近く行われた秘密交渉を担った人物だ。日本側のカウンターパートは外務省アジア大洋州局長だった田中均氏で、柳氏は本名を明かさなかったことから日本では「ミスターX」と呼ばれた。

P氏は柳氏についてこう語った。「柳敬氏は保衛部の中で、金正日総書記に直接会えるほど、信頼されており、対日交渉も任されていた。当時、(金正日氏が空席の部長を実質的に兼ねた)保衛部には3人の副部長がいた。3人の中で肩書上は最も地位の高い『第一副部長』ではなかったが、最も若い彼が実質的な力を持っていた」

保衛部は「金王朝」を支えるために、反体制派の政治犯やスパイ、不満分子を摘発する秘密警察で、逮捕された場合には拷問を伴う過酷な取り調べが待っているとされ、住民から恐れられる存在だ。ネットフリックスで配信され、日本でも大人気となった韓国ドラマ「愛の不時着」にも、ヒョンビンさん演じる主人公の敵役として冷酷な保衛部の幹部が登場する。

強い権限を握る保衛部の副部長として、独裁体制を支えた柳氏だが、元韓国政府高官によると、2011年1月にスパイ容疑で逮捕され、銃殺されたという。対日交渉への影響もあったとみられる。P氏に聞くと、こんな答えが返ってきた。

「柳敬氏が粛清され、その部下たちも責任を問われた。ただ、日本との連絡役を務めてきた1人については残した」

正日氏はこの年の12月に死去し、正恩氏が権力を継承した。残された「連絡役」は、2014年のストックホルム合意に至る対日交渉に関わったが、P氏は「日本から成果を得られずに、結局は彼も失脚したようだ」と話した。

前章で紹介したとおり、2014年3月に、前年から続いた日朝秘密交渉の結果、横田めぐみさんの両親とめぐみさんの娘との面会が実現した。これを契機に北朝鮮が拉致被害者の再調査を行うことなどを盛り込んだ「ストックホルム合意」に至る。北朝鮮が拉致被害者の調査を行うのは10年ぶりで、日本国内で拉致問題の解決に向けた動きに期待が高まった。だが、この合意は日朝の思惑の違いから、新たな被害者の帰国が実現しないまま事実上、決裂することになる。拉致問題は2002年の日朝首脳会談で被害者5人の帰国が実現し、その2年後には北朝鮮に残っていた被害者5人の家族も帰国するが、その後は解決に向けて進んでいないということだ。P氏の話を理解するには、停滞を続けてきた日朝交渉の経緯を踏まえておく必要がある。

被害者5人の家族の帰国が実現した4年後の2008年にも、「生存者はすべて帰国し、拉致問題は解決済み」と主張する北朝鮮が再調査に応じる姿勢を示した。日朝協議が再び動き出した背景には、2006年に北朝鮮が初の核実験を強行したことによる国際情勢の変化があった。北朝鮮を「悪の枢軸」と敵視し、強硬姿勢を示してきた米国のブッシュ政権が、核放棄を求めて柔軟路線に転換した。2007年2月に、北朝鮮の核問題をめぐる6者協議（中国、北朝鮮、米国、韓国、日本、ロシアで構成）は、北朝鮮が60日以内に寧辺の核施設の稼働を停止することなどの見返りに、エネルギー支援を行うことなどを明記した合意文書を採択した。

この合意には、米国が北朝鮮に対するテロ支援国家指定を解除する作業に着手することも盛込まれた。米国は北朝鮮の工作員が実行した大韓航空機爆破事件の翌年の1988年に、北朝鮮をテロ支援国家に指定。貿易取引や開発援助の禁止、金融制裁を行ってきた。指定を続ける根拠の一つに、日本人拉致問題も挙げており、指定の解除を目指す北朝鮮としては、拉致問題をめぐる日本との交渉を進める姿勢を示す必要があったようだ。

先述の通り、2007年9月に発足した福田政権は、安倍前政権の「圧力重視」から「対話」路線に舵を切った。拉致問題を前進させたい日本と、米国のテロ支援国家指定の解除を目指す北朝鮮の双方の思惑が交渉を進めたといえる。

この時も水面下の秘密交渉を経て、双方が新たな合意が可能と判断して公式協議に移行したとみられる。北朝鮮では柳氏がまだ健在だった。

公式協議は2008年6月に北京で、外務省当局間で行われた。北朝鮮側が拉致問題の再調査や日航機「よど号」ハイジャック事件関係者の引き渡しに向けた調整に応じる見返りに、日本側が北朝鮮への制裁を一部緩和することを柱とする内容で合意した。日本は2006年に北朝鮮が核実験を行ったことを契機に独自制裁を発動しており、一部緩和は、①人的往来の規制解除、②北朝鮮からの航空チャーター便の乗り入れ規制解除、③人道支援物資の日本から北朝鮮への運搬目的に限った北朝鮮籍船の入港許可――の3点だった。

日朝両政府は2カ月後の8月に中国・瀋陽で再び公式協議を行い、北朝鮮が拉致被害者の再調査を行うための委員会を早期に立ち上げ、日本側は委員会発足を受けて一部制裁を解除することを確認した。この協議には外務省の斎木昭隆・アジア大洋州局長と北朝鮮の宋日昊・国交正常化交渉担当大使が臨んだ。6月の合意事項にあった「よど号」事件関係者の日本帰国や、3点の制裁解除項目のうち、人道物資輸送を目的とした北朝鮮籍船の日本入港については日本側が国内世論を考慮して先送りを求めたが、北朝鮮側もこのタイミングでの合意にはメリットがあると判断して受け入れた。拉致被害者の再調査委員会を早期に立ち上げ、秋の調査完了を目指すと約束した。

だが、この合意の半月後に思わぬ事態が起きる。福田康夫首相が突然、辞意を表明した。北朝鮮側はこれを理由に「日本の事情に鑑み、再調査のための委員会立ち上げを差し控える」と通告。合意内容は履行されることなく、立ち消えとなったことは第4章でみたとおりだ。

北朝鮮の核問題をめぐってはこの年の10月に、北朝鮮が6者協議の合意に基づいて申告した核施設に参加国の専門家が立ち入って検証することを受け入れ、米国がその見返りにテロ支援国家指定を解除した。だが、その後に北朝鮮は約束に反して核施設の十分な検証を拒み、6者協議は中断した。北朝鮮は翌年の2009年5月に2度目の核実験に踏み切った。

民主党政権時代の日朝交渉

日本では2009年8月の総選挙で民主党が大勝し、自民党からの政権交代が実現した。自民党は1955年の結党以来、初めて第2党に転落。細川・羽田両政権以来、15年ぶりに下野することになった。北朝鮮は、日本政界で起きた大きな転換を注視しながら、機会を探っていたとみられる。2011年に入り、北朝鮮で対日交渉を実質的に担ってきた柳氏が粛清されたことも影響を与えたとみられる。

ただ、2011年7月に北朝鮮の核問題をめぐって1年7カ月ぶりに米朝協議が再開すると、日朝も再び水面下で動き出す。鳩山内閣で拉致問題担当相を務めた中井洽《ひろし》氏が、中国で北朝鮮の宋日昊・朝日国交正常化交渉担当大使と秘密裏に接触。金正日総書記が死亡した後の2012

年1月にも中国で再会談した。中井氏は拉致問題の解決を求めたが、宋氏は、①1959〜1984年にかけて行われた帰国事業で、在日朝鮮人の夫と渡航した日本人妻の帰国問題、②第2次大戦末期、日本に引き揚げる途中に北朝鮮で亡くなった日本人の遺骨収集、③日航機「よど号」事件関係者の帰国問題——について取り上げる意向を示し、協議で拉致問題を扱うことには消極的だった。拉致問題についてはカードとして残し、日本から制裁解除や経済支援を得られる可能性があるか、値踏みをする算段だったとみられる。

北朝鮮では2012年4月に朝鮮労働党代表者会が開かれ、金正日氏の後継者として金正恩氏が第1書記に選ばれて最高指導者のポストに就いた。この翌々日に北朝鮮は、新指導者誕生を祝うかのように「人工衛星」と称して長距離弾道ミサイルを発射。発射後まもなく空中爆発して失敗に終わったが、米朝の対話ムードは消え、日朝の公式協議再開も遠のいたとみられた。だが、8月に入り日朝は協議再開に向けて動き出す。日本人遺骨問題や墓参をめぐる日本赤十字社と朝鮮赤十字会の実務者会合が北京で行われ、政府間協議への道筋をつけた。

終戦時、今の北朝鮮地域には27万〜28万人の在留邦人と旧満州の南域から北朝鮮を経て日本に向かっていた約7万人の引き揚げ者がいた。しかし、北朝鮮に侵入したソ連軍が38度線を遮断したため、北朝鮮にいた邦人は北朝鮮各地の学校や民家に収容されることになり、食糧不足や伝染病などにより多くの人たちが亡くなった。また、ソ連軍との戦闘により、多数の軍人や軍属も戦死した。終戦後のソ連占領地域から労働力としてシベリア等に抑留され、その後に労働に耐えられなくなり北朝鮮に送り返され、亡くなった人たちもいた。遺体は朝鮮半島に残留した日本人によって付近の墓地に埋葬されたという。北朝鮮地域で亡くなった日本人戦没者は約3万4600人、うち遺骨が日本に送還されたのは1万3000柱で、2万1600柱がいまだに北朝鮮の地に眠っているとされる。この日本人遺骨問題も、北朝鮮との間に残る戦後処理の課題の一つだ。「人道問題」を呼び水に拉致問題の解決に向けた協議に入りたい日本側と、対日関係の改善機運を演出して国際社会からの経済支援につなげたい北朝鮮側の思惑は重なった。日本政府は、遺骨問題など北朝鮮側が提案する議題から対話を再開し、北朝鮮が消極的な拉致問題の協議につなげる方針を取った。

8月末には北京で、日朝の政府間協議が2008年8月以来、4年ぶりに行われた。日本側から外務省の小野啓一・北東アジア課長、北朝鮮側からは外務省の劉成日《リュソンイル》課長が出席。3日間で計7時間の協議を行った結果、「双方が関心を持つ事項」について、より高いレベルの協議を開催することで合意した。日本側は北朝鮮側に対し、協議事項に「拉致問題」が入るかどうかを直接、確認することはしなかったが、日本側の関心事項に拉致問題が含まれていることは、北朝鮮側も十分に理解していると都合よく解釈して、協議の進展を目指した。

日朝は交渉担当者のレベルを上げ、11月にモンゴルのウランバートルで外務省局長級による政府間協議を開いた。日本側は杉山晋輔・アジア大洋州局長、北朝鮮側は宋日昊・朝日国交正常化交渉担当大使が出席した。当時の交渉内容を知る日本政府関係者によると、協議が始まり、宋氏は、双方の席の前に置かれた書類を指さし、こう提案したという。

「ここにはお互い、応答要領の書類がある。ここに書かれていることをお互いに言い合っても意味がない。もっと建設的な話し合いをしよう」

宋氏は、拉致問題については「今は解決済みという立場だ」と従来の北朝鮮の主張を示した。一方で、「このままでは双方の立場は平行線なので、歩み寄るべきだ」とも述べたという。日朝の協議が進まないのは「2002年にこちらが（日本人）拉致を認め、日本人を帰国させても、再調査を行っても、日本政府はそれを評価しないどころか、制裁を強めている」として、日本側に責任があると批判した。

「歩み寄り」の意味について日本側が尋ねると、「朝日の基本構造に戻ることだ」と言及した。「基本構造」とは、2002年の日朝平壌宣言に基づき、国交正常化を果たして日本が北朝鮮に植民地支配への清算を行うこと、戦後補償をしろということだ。国交正常化に向けた前向きな協議が行えるならば、2008年に合意しながら、実施を保留した拉致被害者の再調査に応じる用意があることを示唆した発言でもあった。

日本人の遺骨返還や、朝鮮半島出身者の夫とともに北朝鮮に渡った日本人妻の帰国問題、「よど号」事件関係者の帰国問題については、こう述べて日本の対応を迫った。

「日本側が求めるならば応じる。求めないならば、こちらは何もしない。だけど、10年、20年後に再び遺骨を返せと言われても、その時に残っているかはわかりませんよ」

帰国前の式典に出席した金正恩・朝鮮労働党委員長（中央）＝2019年4月26日、ロシア・ウラジオストク駅（鈴木拓也撮影）

国交正常化に向けた交渉は、遺骨問題や日本人妻の問題から始めるべきだという趣旨だった。協議の結果、日朝は2002年の日朝首脳会談で合意した日朝平壌宣言に基づき、国交正常化に向けて両国の懸案を解決する方針を確認した。日本人の遺骨返還や日本人妻の帰国問題、「よど号」事件関係者の帰国問題について話し合いを進めていくことで合意した。北朝鮮側は、核・ミサイル問題も今後の協議事項とすることにも同意した。拉致問題については、本格的な協議に入るかどうかについての結論を次回協議に持ち越すことにした。

だが、北朝鮮は12月1日に突然、地球観測衛星を搭載した運搬ロケットを打ち上げると発表した。これは衛星名目に長距離弾道ミサイルを発射することを意味した。金正恩政権の事実上の発足から1年を迎えるのに合わせた国威発揚や、挑発行動により米国の関心を引きつける思惑があったのは間違いない。金正恩氏が第1書記に就任した4月には発射に失敗しており、挽回する狙いもあっただろう。

米国は国務省が報道官声明を出し、「地域の平和と安定を脅かす極めて挑発的な行動だ。弾道ミサイル技術を使ったいかなる発射も国連安保理決議に反する」と非難。野田佳彦首相は、5～6日に北京で予定していた外務省局長級による日朝政府間協議について「諸般の事情を勘案すれば開催は困難」と判断し、「延期」を表明した。北朝鮮は12日に予告通り、北西部の東倉里にある「西海《ソヘ》衛星発射場」から長距離弾道ミサイルを発射し、沖縄県上空を通過してフィリピンの東方沖に落下した。日本政府は「地域の平和と安定を損なう安全保障上の重大な挑発行為だ。国連安保理決議、日朝平壌宣言にも違反し、対話を通じた問題解決の動きにも逆行する。極めて遺憾だ」などと、強い抗議の意を示した。これにより、民主党政権末期に試みた日朝協議も物別れに終わった。

安倍政権で動き出した日朝交渉

2012年12月の総選挙で自民党が大勝し、3年3カ月ぶりに政権を奪還した。首相に返り咲いた安倍晋三氏は就任から2日後の12月28日、拉致被害者の家族会メンバーを首相官邸に招いた。安倍首相は「私がもう一度総理に就いたのは拉致問題を解決しなければという使命感によるものです。今までの反省を踏まえて戦術を練る」「必ずこの問題は安倍内閣で解決する」と約束した。安倍首相は北朝鮮に対して、小泉政権以来の「対話と圧力」路線により解決を目指す方針を継承したが、この時期は北朝鮮の弾道ミサイル発射により北朝鮮に対する国際社会の懸念が強まっており、二国間交渉に向けて動き出すには時期尚早であった。

国連安全保障理事会は2013年1月、前年12月の北朝鮮による弾道ミサイル発射を安保理決議違反と非難し、これまでの制裁を拡充する安保理決議を全会一致で採択した。常任理事国の中国が強い制裁強化に難色を示したことから、在外資産凍結や渡航禁止を科す対象にミサイル発射に関わった「朝鮮宇宙空間技術委員会」など6団体4人を新たに追加するといった効果の弱い内容だった。それでも北朝鮮は激しく反発し、「国防委員会声明」を出した。「米国とそれに追従する不純勢力の対朝鮮敵視策動を粉砕し、国と民族の自主権を守護するための全面対決戦に突入するであろう。この全面対決戦で、我が方が引き続き発射することになる各種の衛星と長距離ロケットも、高い水準の核実験も、我が人民の不倶戴天《ふぐたいてん》の敵である米国を狙うようになるということを隠さない」と強気に挑発してみせた。

安倍首相は北朝鮮への「圧力」を強める姿勢を示しながら、拉致問題の解決を目指すと強調した。ミサイル発射に伴う新たな独自制裁案の作成を指示したほか、民主党政権時代の拉致問題対策本部を刷新し、全閣僚をメンバーとする新たな対策本部を置いた。リニューアルした拉致問題対策本部の初会合では、北朝鮮に対する新たな対応方針を決めた。「全ての拉致被害者の即時帰国」「拉致に関する真相究明」に加え、民主党政権時代に削った「実行犯の引き渡し」を加えた。この方針に基づく具体的な施策としては8項目を掲げた。

①早期の解決に向けた北朝鮮側の行動を引き出すため、更なる対応措置について検討するとともに、現行法制度の下での厳格な法執行を推進する。

②日朝政府間協議を始め、あらゆる機会を捉え、北朝鮮側による拉致問題の解決に向けた具体的な行動への継続した強い要求を行う。

③拉致被害者及び北朝鮮情勢に係る情報収集・分析・管理を強化する。

④拉致の可能性を排除できない事案に係る捜査・調査を徹底するとともに、拉致実行犯に係る国際捜査を含む捜査等を継続する。
⑤拉致問題を決して風化させないとの決意を新たにし、教育現場を含む国内地域各層及び各種国際場裡における様々な場を活用して、内外世論の啓発を一層強化する。
⑥米国、韓国を始めとする関係各国との緊密な連携及び国連を始めとする多国間の協議を通じて、国際的な協調を更に強化する。
⑦拉致被害者家族等へのきめ細やかな対応、既に帰国している拉致被害者に対する支援の継続及び今後の拉致被害者帰国に向けた準備に遺漏《いろう》なきを期する。
⑧その他の拉致問題の解決に資するあらゆる方策を検討する。

国際社会から厳しい目が注がれる中、北朝鮮は更なる挑発行動に出た。2013年2月に、2006年10月と2009年5月に続き3回目の地下核実験を強行。北朝鮮は外務省報道官の談話として、「今回の核実験は、我が方が最大限の自制力を発揮した第1次的な対応措置。米国があくまで敵対的な行動に出て情勢を複雑にするなら、よりレベルの高い第2次、第3次の対応へと連続措置を講じていかざるを得なくなる」と主張した。挑発行動を繰り返すことで米国の関心を向けさせ、経済支援を目指して米国との直接交渉に臨みたいとの思惑が透けて見えた。日本政府は北朝鮮に北京の大使館ルートを通じて抗議し、朝鮮総連の副議長5人を新たに北朝鮮に渡航した場合の再入国制限対象に加える独自制裁を決めた。

国連安保理は3月に、今回の核実験は安保理決議に違反すると非難し、再び制裁強化決議を全会一致で採択した。核兵器・弾道ミサイル開発につながる金融取引の凍結・停止や禁輸品の疑いがある貨物の検査を義務化するほか、資産凍結対象に3個人・2団体を追加するなど、制裁を大幅に強化して北朝鮮の経済活動を締め付ける厳しい内容となった。北朝鮮は「北南間の不可侵に関する全ての合意を全面破棄する。朝鮮半島の非核化に関する共同宣言を完全白紙化する」との声明を出し、軍事的な挑発行動を強める姿勢を鮮明にした。こうした状況から、日本国内では、日朝の間でも対話の機運はしばらく生まれないとの見方が支配的だった。

だが、米国が二国間交渉に応じない方針を取るなかで、北朝鮮は孤立が深まることを懸念したのか。「拉致問題」をカードに日本に近づいてきた。

外務省 vs. 国家安全保衛部

この年の夏、日本では外務省が北朝鮮との秘密交渉に向けて動き出した。拉致被害者の横田めぐみさんの両親に対し、北朝鮮にいるめぐみさんの娘、ウンギョンさんと面会する意思があるかどうかを聞いた。「ぜひ会いたい」との意向を確認し、斎木昭隆外務次官が安倍首相の判断を仰いだ。斎木氏によると、安倍氏は「これは実現させましょう」と述べたという。

外務省は、「第三国」での面会の実現に向けて北朝鮮側と水面下の交渉を始めた。秘密交渉の場に、北朝鮮側からは国家安全保衛部に所属する「参事」と「課長」の肩書をそれぞれ持つ2人の男が出てきた。保衛部は、被害者5人の帰国につながった2002年の小泉訪朝を準備するため、日本側との事前交渉を担った「ミスターX」こと柳敬氏が副部長を務めていた秘密警察だ。

この秘密交渉を知るのは安倍氏のほかに菅義偉官房長官ら政権幹部と外務省幹部のごく一部に限られた。北朝鮮は本気で交渉に臨むつもりだとの期待感があったという。秘密交渉を繰り返すなかで、北朝鮮側は、横田さんの両親とウンギョンさんとの面会場所として、日本側が提案したモンゴルに同意。日本側はこれを受け、拉致問題を含めた政府間協議の再開が可能と判断し、北朝鮮側と2012年11月以来の公式協議再開に向けた話し合いも始めた。

「特別な日本人が存在する」。日朝関係筋によると、秘密交渉の場に出てきた保衛部の「参事」は、拉致被害者の存在をにおわせる発言もしたという。

横田さんの両親とウンギョンさん一家との面会は2014年3月10〜14日にモンゴルで実現したが、この面会に前後して2回、中国の瀋陽で日本人遺骨問題を話し合う日朝赤十字会談が開催された。同席した外務省の小野啓一・北東アジア課長と北朝鮮外務省の劉成日課長による非公式協議も行われた。

この協議で日本側は、2012年11月にモンゴルで行われた局長級による政府間協議について言及した。宋日昊氏が「拉致問題は解決済みという立場だが、このままでは平行線だ」と述べて対話の姿勢を示したことを取り上げ、局長級協議の再開を求めた。日本の世論が交渉の進展を望んでいることも伝えた。北朝鮮側からは拉致問題についての言及はなかったが、対話に前向きな姿勢だった。

3月19～20日に再び瀋陽で行われた外務省課長級による非公式協議で、外務省局長級による公式の政府間協議を再開することで合意した。日本政府内では「北朝鮮は、政権基盤が安定している安倍政権とならば、本格交渉が可能と判断しているのだろう」(政府高官)との期待感が高まった。再開される協議では、2008年に一度合意しながら北朝鮮側が撤回した拉致被害者の再調査を求め、協議の進展次第では独自の経済制裁の一部解除に踏み切る――。外務省が提示した対処方針を安倍首相は了承した。

だが、北朝鮮はまたも挑発行動に出る。3月30～31日に北京での開催が決まった日朝政府間協議の4日前に、中距離弾道ミサイルの発射に踏み切った。ミサイルは日本海の公海上に落下。オランダで安倍首相、米国のオバマ大統領、韓国の朴槿恵《パククネ》大統領による会談が開かれ、北朝鮮の核ミサイル問題を議論している最中だった。日米韓への牽制であり、日本政府はミサイル発射に対し、北京の大使館ルートを通じて「極めて遺憾」と抗議した。

ただ、安倍政権は協議を継続することにした。北朝鮮は横田めぐみさんの両親と、めぐみさんの娘のウンギョンさんとの第三国での面会に応じたことから、経済的な見返りを期待して今後、拉致問題で何らかのカードを切ってくるのではとの期待があったためだ。政府内には、政府間協議の直前に挑発行動に出た北朝鮮との今後の交渉を不安視する声もあったが、菅義偉官房長官は記者会見で「(北朝鮮側と)対談して、堂々と抗議する。その方を選択した」と表明した。政府間協議では拉致問題のほかに核・ミサイル問題も議題に取り上げることで、日朝接近を警戒する同盟国・米国などの理解も得られると考えた。

安倍首相は北朝鮮との政府間協議を前に、拉致被害者の家族らと面会。「安倍内閣としては対話と圧力の基本姿勢の下、オールジャパンで取り組み、拉致問題の全面解決を図りたいと考えている。この決意を改めてお伝えする」と力強く語りかけた。「大きなチャンスと、またとないチャンスと感じている」。1978年に拉致された田口八重子さんの兄で、家族会の代表を務める飯塚繁雄さんは、首相の言葉に大きな期待を抱いた。

朝鮮総連の競売問題を重視した北朝鮮

約1年5カ月ぶりとなる日朝の外務省局長級による政府間公式協議は2014年3月30〜31日の2日間、中国・北京で開かれた。日本側は伊原純一・外務省アジア大洋州局長、北朝鮮側は宋日昊・朝日国交正常化交渉担当大使が出席。協議の冒頭で、伊原氏は「これまでの日朝間の議論を踏まえ、お互いの関心事項について議論し、解決に向けて努力をしたい」と呼びかけ、宋氏も「全く同感だ。私たちも率直で真摯な態度で臨む」と応じた。伊原氏が拉致被害者の再調査を行うように要請すると、宋氏は「本国に持ち帰り、検討する」と回答した。日本側は手応えを感じたが、北朝鮮側は日本の北朝鮮に対する独自制裁措置に不満を表明し、２００２年の日朝平壌宣言に基づいて「不幸な過去の清算」を迫ることも忘れなかった。日本側にとって、こうした要求は想定内だったが、意外だったのは、北朝鮮側が朝鮮総連中央本部の競売問題への対処を強く求めてきたことだった。

朝鮮総連の競売問題とは、バブル崩壊の影響で１９９０年代後半から全国各地の朝銀信用組合が立て続けに破綻したことに端を発する。６２７億円の不良債権を引き継いだ整理回収機構は２０１２年７月に、東京都千代田区の朝鮮総連中央本部の土地・建物の競売を申し立てた。この建物「朝鮮中央会館」は鉄筋コンクリート造りの地上10階・地下２階建てで、敷地の広さは約２４００平方メートルある。朝鮮総連はこの会館を「在日同胞の団結の象徴」と呼び、事実上の「北朝鮮大使館」の機能を果たしてきた。競売により公表された評価額は約26億６８００万円。東京地裁は最低入札額を21億３４００万円に設定し、２０１３年３月に約45億円で鹿児島市の宗教法人が落札したが、資金調達のめどが立たずに断念した。再入札が行われ、２０１４年３月に東京地裁は22億１０００万円で落札した高松市の不動産投資会社への売却を許可する決定をした。これに対し、朝鮮総連は不動産投資会社への売却を認めた裁判所の決定を不服として抗告。北京で政府間協議が開かれたのは、最高裁の判断が示される前だった。

不動産投資会社は売却が決まった場合、朝鮮総連に立ち退きを求める考えだった。当時の交渉

拉致被害者家族が安倍晋三首相（右端）と面会。（前列左から）増元照明さん、横田早紀江さん・滋さん夫妻、飯塚繁雄さんら＝2014年7月4日、首相官邸（越田省吾撮影）

内容を知る日本政府関係者によると、北朝鮮側は協議のなかで、朝鮮総連が立ち退くことになれば「朝日関係に大きな影響を与える」と強い懸念を示してきたという。日本政府としては、行政府が最高裁の決定に口を挟むことは三権分立に照らして不可能なことであった。安倍首相は外務省に対し、「独自制裁の一部解除」を交渉カードに、北朝鮮側に拉致被害者の再調査を求めて交渉を続けるように指示した。

再調査を約束したストックホルム合意

日朝両政府は2014年3月の北京での公式協議から2カ月後、5月26〜28日にかけてスウェーデン・ストックホルムで外務省の伊原純一・アジア大洋州局長と北朝鮮の宋日昊・朝日国交正常化交渉担当大使をそれぞれ代表とする公式協議を再び開催し、「ストックホルム合意」に至った。

この合意は残念ながら破綻したことはこれまでに触れてきた。ここでは、日本側が期待した成果がなぜ得られなかったのかを詳しく解説したい。

北朝鮮側は特別な権限が与えられた「特別調査委員会」を立ち上げ、日本政府が認定する拉致被害者、拉致された可能性のある行方不明者、帰国事業で北朝鮮に渡った在日朝鮮人の日本人妻、第2次大戦の終戦前後に北朝鮮域内で死亡した日本人の遺骨など「全ての日本人」に関する調査を行う。その見返りに、日本側は北朝鮮が調査を開始する時点で、北朝鮮当局者の入国禁止など人的往来の規制、10万円超の現金持ち出しの届け出義務、人道目的の北朝鮮籍船の入港禁止といった制裁措置を解除する。合意内容はこのようなものだった。日本側はさらに、人道的見地から北朝鮮に対する人道支援の実施を検討することも約束した。合意文書には、実施は「適切な時期」と盛り込まれた。拉致問題で進展があったと認められれば、北朝鮮に食糧支援を行う用意があるという日本政府の意思を示したものだ。

金正恩氏は、経済建設と核開発の「並進路線」を掲げたが、中国が求める市場メカニズムの導入に前向きとされた義理の叔父の張成沢《チャンソンテク》・元国防委員会副委員長を粛清し、中朝関係は悪化していた。経済状況に明るい見通しが描けないなかで、外国へのショーウィンドーである首都・平壌の経済発展に力を注いだ。平壌市内は高層マンションなどが次々に建てられ、携帯電話やタクシーも普及した。一方で、地方は食糧や電力供給不足に苦しんでいた。核・ミサイル開発により国際社会から孤立するなか、困窮する経済状況の打開に向けて、日本に接近を図ったのだろう。

この合意は、安倍首相にとって大きな賭けと言えた。北朝鮮が行った過去の調査同様、日本側は調査に加わることはできない。工作機関が関与した日本人拉致について、北朝鮮側が調査結果として全ての情報を開示してくるかは不透明であった。日本政府は韓国政府からの情報提供や、警察当局、拉致問題対策本部事務局の情報収集活動により、北朝鮮国内にいる拉致被害者の生存情報を得てきた。だが、国外への情報漏洩を防ぐために徹底管理する独裁国家を相手に、生存を裏付ける確たる証拠を得られているわけではない。朝鮮総連中央本部を巡る競売問題も合意文書にある「在日朝鮮人の地位に関する問題」の中に含まれると主張する北朝鮮に対し、日本側は「含まれていない」と反論するなど、合意直後から解釈に齟齬《そご》もあった。

日本政府内には、政府が認定する拉致被害者以外にも、北朝鮮側が調査結果として行方不明になっている日本人の存在を明らかにし、帰国につながれば国内世論は評価すると見る向きもあった。北朝鮮による拉致の疑いのある失踪事件について調査を行う市民団体「特定失踪者問題調査会」（荒木和博代表）は、拉致の疑いがあるとする「特定失踪者」は約470人、うち約80人は「拉致が濃厚」としている。特定失踪者をめぐっては、2012年に拉致問題担当相を務めた松原仁《じん》衆院議員が、1974年に新潟県佐渡市で失踪した大沢孝司さんと、1976年に埼玉県川口市で失踪した藤田進さんについて「間違いなく拉致されたと確信し、生存も確信していた」と発言したこともある。

ただ、日本政府内には「仮に北朝鮮が数人の被害者を出してきて、拉致問題の幕引きへの同意を求めてきた場合の判断は難しい」（外務省幹部）との懸念の声も強かった。北朝鮮側が何ら根拠を示さないまま「死亡した」と主張する被害者を見捨てることになれば、世論の反発は避けられない。そもそも、日本政府の目指す拉致問題の解決は被害者の全員帰国であるが、実際に拉致された被害者が何人いるかもわからない。北朝鮮の調査結果を検証する術がないなかでは、鵜呑みにすることもできない。北朝鮮からの調査結果が満足のいくものでなかった場合には、結果を受

日朝政府間協議に臨む日本側の伊原純一・外務省アジア大洋州局長（右手前から３番目）と、北朝鮮側の宋日昊・朝日国交正常化交渉担当大使（左手前から３番目）＝2014年５月、ストックホルム市内のホテル（松井望美撮影）

け入れるかどうかの判断は極めて厳しいものになる。安倍首相は首相官邸に記者団を集め、ストックホルム合意の概要を自ら説明し、「全ての拉致被害者のご家族が、ご自身の手でお子さんたちを抱きしめる日がやってくるまで、私たちの使命は終わらない」と力強く語ったが、この合意は安倍政権にとって高い政治的リスクを伴うものであった。

国家安全保衛部が主体の特別調査委員会

ストックホルム合意から約1カ月後の2014年7月1日、日朝の外務局長級協議が中国・北京で開かれた。北朝鮮の宋日昊・朝日国交正常化交渉担当大使が伊原純一・外務省アジア大洋州局長に対し、拉致被害者らについて再調査する特別調査委員会を4日に立ち上げると通知し、委員会の責任者や構成などについて説明した。

特別調査委員会には、金正恩氏がトップの最高指導機関「国防委員会」から、北朝鮮のすべての機関を調査できる権限を付与されるとした。政治犯を取り締まる秘密警察の「国家安全保衛部」、一般犯罪を取り締まる警察機関の「人民保安部」、各国の国防省や防衛省に相当する「人民武力部」を含む約30人態勢で構成。トップは徐大河《ソデハ》国家安全保衛部副部長が就任した。国家安全保衛部は、政治犯の逮捕や処刑を法的な手続きなしに決定できるとされ、強い権限を持つ。張成沢・元国防委員会副委員長に死刑判決を出したのも保衛部の「特別軍事裁判所」だ。徐大河氏の肩書である保衛部副部長は、2002年に小泉純一郎首相が訪朝して開かれた日朝首脳会談をお膳立てするために、日本側と事前の秘密交渉を担った「ミスターX」こと柳敬氏の役職でもあった。

再調査の合意を目指し、小野啓一・北東アジア課長が秘密交渉を行ってきた相手は日本外務省がパイプをつないできた国家安全保衛部の課長と、実質的な交渉権限を与えられているとみられた上司の「参事」だった。その2人が所属する組織の最高幹部とされる人物が調査のトップを務め、最高指導機関がお墨付きを与えるという北朝鮮の説明に、日本側は相当に強い権限を持った組織による調査が行われると期待した。

報告を受けた安倍首相は「国家的な決断をできる組織が前面に出る、かつてない態勢」と評価。ストックホルム合意に基づき、独自制裁の一部解除を決断した。解除したのは、北朝鮮籍者の入国禁止や朝鮮総連幹部の北朝鮮からの再入国禁止の解除▽北朝鮮に送金する際に届け出が必要な額を300万円超から3000万円超に緩和▽入港が禁止されている北朝鮮船舶について、人道物資の輸送に限り解除――などだ。日本政府内には「調査結果が出ていない段階で、制裁解除に踏み切るのはいかがなものか」といった懸念の声もあったが、安倍首相は、北朝鮮に約束どおり再調査を進めさせるには、ある程度の譲歩が必要と考えた。制裁を解除したのはごく一部であり、「北朝鮮に実質的な利益を与える措置は含まれていない」(政府高官)との判断も働いた。北朝鮮が強く求める輸出入の全面禁止の解除や、かつて日朝間を往来した貨客船「万景峰号《マンギョンボン》」の入港禁止の解除は見送り、「次の一手」として温存した。

菅義偉官房長官は記者会見で、北朝鮮側から調査中の段階で最初に経過報告を受ける時期について「夏の終わりから秋のはじめごろに行うのが望ましい。北朝鮮側と認識を共有している」と明らかにした。北朝鮮の調査開始後、2〜3カ月の間に初回報告が行われるという意味だ。また、日本側は北朝鮮側に対し、全調査の完了は1年以内を目指し、調査結果は速やかに日本側に報告するように求めていた。

日本政府に生じた誤算

だが、北朝鮮は「調査開始」から約2カ月後の2014年9月、約束していた初回報告について「調査は1年程度を目標としており、現在はまだ初期段階である。現時点で説明を行うことはできない」と日本政府に伝えてきた。調査の進捗状況は随時、日本側に伝えられるとの約束から、日本側は日本国内の反対論を踏まえながらも、「調査開始」に合わせて北朝鮮に対する独自制裁の一部解除に踏み切ったのだ。「北朝鮮は拉致被害者を管理しており、金正恩ら最高指導部はすべてを把握している。調査はあくまで『生存している被害者はいない』という前言を撤回するための名目にすぎない」（首相官邸幹部）。日本政府内にはこう考える向きが少なくなかった。日本側からの経済的な支援を期待して、調査開始から比較的早い段階で拉致被害者に関する断片的な情報を出してくるのではないかとの希望的観測があったのだ。

また北朝鮮にだまされるのではないか。そんな世論の批判の高まりが予想された。被害者家族からは「何らかの報告が出ると思っていた。がっかりしている」「北朝鮮が約束を反故《ほご》にして期待を裏切るのはいつものこと。不安が大きかったが、的中した」といった落胆の声が上がった。

安倍首相は「被害者のご家族の皆さんに、北朝鮮が時間稼ぎをしているという疑念が生じてくるのも、もっともなことだ」と言及せざるを得なかった。「中身のないものを報告してもらっても仕方がない。しっかりと確実な報告をしてもらいたいというのが我々の要求だ」とも述べ、一部制裁解除は撤回せず、北朝鮮側に粘り強く働きかけていく方針を堅持した。

日本政府にとっての誤算はどこから生まれたのか。交渉に携わった日本政府関係者によると、それは北朝鮮が調査を開始してからまもなく、日本側と水面下で行った非公式協議の場だった。北朝鮮側は、拉致被害者に関する情報は一切示さずに、「よど号犯を日本に帰す用意がある」と提案し、追加の制裁解除といったさらなる見返りを求めてきたという。

「よど号事件」とは、1970年3月31日、世界同時革命を目指す赤軍派メンバー9人が、羽田発福岡行きの日航機「よど号」を乗っ取ったハイジャック事件だ。犯人グループは韓国・ソウルの金浦《キンポ》空港で人質の乗客を解放した後、北朝鮮に渡った。このハイジャック事件のメンバーやその元妻らが、欧州で1980年に失踪した石岡亨さんと松木薫さん、1983年に失踪した有本恵子さんの拉致に関与したことが警察当局の調べで判明している。日本政府はこれまでも北朝鮮側にメンバーの引き渡しを求めてきた。日本に帰国したメンバーに対する警察当局の取り調べにより、北朝鮮工作機関からの指示を受けて拉致事件を起こした経緯の詳細や、日本政府が把握していない新たな被害者情報を得られる可能性もあったからだ。だが、2002年の日朝首脳会談で金正日総書記が日本人拉致を認め、5人が帰国してから12年が経過するなか、帰国したメンバーから新たな被害者情報が得られる可能性は薄れていた。拉致事件を立件するための捜査や犯人の引き渡しを求めるよりも、新たな被害者の帰国が最優先だった。北朝鮮側にとって「よど号犯」の利用価値がすでにないことは明白だった。被害者の帰国実現の見通しが立たないなかで、「よど号犯」の引き渡しを受けて新たな見返りを与えるようなことをすれば、被害者家族だけでなく世論から強い批判を受けることは容易に想像ができた。このほか、北朝鮮側は第2次大戦の終戦前後に北朝鮮で亡くなった日本人の遺骨返還についても積極的に行う考えを示していた。

2014年9月下旬に中国・瀋陽で開催した日朝政府間協議で、伊原純一・外務省アジア大洋州局長は宋日昊・朝日国交正常化交渉担当大使に対し、北朝鮮側の姿勢を「受け入れられない」と拒否。「日本政府としては拉致問題を最重要課題に考えている。調査を迅速に行い、結果を速やかに通報すべきだ」と強く求めた。4時間半の協議のなかで、日本側は日本政府認定の拉致被害者、それ以外の認定されていない被害者を含めて早期に存在を明らかにし、帰国させるように要求した。これに対し、宋日昊氏は「科学的、客観的な調査に着実に取り組んでいる。ただ、調査は初期段階であり、具体的な調査結果を報告できる段階ではない」と回答。そのうえで「調査の詳細な現状について、平壌に来て特別調査委員会のメンバーに直接会い、話を聞いてみてはどうか」と提案してきた。

特別調査委員会は金正恩氏をトップとする国防委員会から特別の権限を与えられており、日本政府側が訪朝して直接、面談をすれば調査の状況を詳しく知ることができる可能性はあった。ただ、日本政府内には「平壌に行っても、得られるのは調査結果ではなく調査の状況であり、被害者につながる情報が得られるかは懐疑的」（拉致問題対策本部関係者）との慎重意見もあった。日本政府代表団を平壌に派遣し、何ら成果が得られなければ、安倍政権への政治的ダメージに直結する懸念があった。

政府は被害者家族への説明会を開き、北朝鮮側から代表団派遣の提案があったことを伝えた。家族からの反応は「全てが北朝鮮の思惑通りに動いているように感じられる」「何も情報がない中で平壌に行くのは賛成できない」「向こうのペースに巻き込まれるのではないか」といった厳しいものだった。

北朝鮮は、「調査を客観的に、透明性を持って行うために、適切なタイミングで日本側関係者を受け入れる用意がある」と日本側に伝えていた。だが、日本側は当初、一定の調査結果が出た後のタイミングを想定していた。派遣された代表団が拉致被害者と面会し、帰国させるといった具体的な進展だ。調査の現状確認のための訪朝は想定外だった。だが、北朝鮮側の提案を断った場合に、今回の合意が破棄され、交渉が決裂するリスクが想定された。政府は「調査を前に進める観点から、特別調査委員会の責任ある立場の者に対し、拉致問題が最優先であることを直接、強調する」（菅義偉官房長官）として、代表団の派遣を決めた。

日本政府代表団の訪朝

伊原純一・外務省アジア大洋州局長を団長とする日本政府代表団は2014年10月28日、29日の2日間の日程で北朝鮮の首都・平壌を訪問し、北朝鮮が設置した特別調査委員会の徐大河委員長らから日本人に関する調査の現状について報告を受けた。案内されたのは平壌中心部を流れる大同江沿いにある2階建ての庁舎。入り口には「特別調査委員会」と朝鮮語と英語で表記された金色の看板が掲げられていた。この建物は日本政府代表団に同行した日本の報道陣にも公開された。調査を誠実に行っている姿勢を日本のメディアに印象づける、そんな意図を感じさせる対応だった。

調査状況の報告など、協議はこの建物の中で行われた。日本側は「拉致問題が最重要課題であり、全ての拉致被害者の安全確保及び即時帰国、拉致に関する真相究明、拉致実行犯の引き渡しが必要である」「日本政府認定の被害者にかかわらず、全ての拉致被害者を発見し、一刻も早く安全に帰国させるべきだ」と改めて要求。「調査は透明性を確保し、迅速に行ってほしい。日本側は調査結果について徹底的な検証を行う」とも伝えた。

拉致被害者などについて再調査する「特別調査委員会」の看板が掲げられた建物＝2014年10月29日、平壌（松井望美撮影）

北朝鮮側は、調査委員会や支部の構成などの調査態勢を説明したうえで、①拉致被害者、②特定失踪者ら行方不明者、③終戦前後に亡くなった日本人の遺骨、④終戦後も北朝鮮に残された日本人残留者や戦後に北朝鮮に渡った元在日朝鮮人の日本人配偶者――のテーマごとに説明を行った。政府は公表していないが、遺骨が埋葬された場所に関する情報や残留日本人、日本人配偶者の人数などについて、北朝鮮側から報告があったようだ。

日本側が最重要課題として求めた拉致問題については、新たな被害者の安否に関する情報は示されなかったようだ。北朝鮮側からは次のような説明があり、日本側に理解を求めた。

「証人や物証を重視した客観的・科学的な調査を行い、過去の調査結果にこだわることなく新しい角度からくまなく調査を深めていく。過去2回（2002年と2004年）の調査は時間的な制約などの理由から一面的で不十分だった。今回は反省を踏まえて取り組む」

「調査委員会は最高指導機関である国防委員会から特別な権限を付与されており、特殊機関に対しても徹底的に調査を行う。個別に入国の有無、経緯、生活環境等を調査している」

「被害者が滞在していた招待所跡などの関連場所を改めて調査するとともに、新たな物証や証人等を探す作業を並行して進めている。まだ準備段階で、これから進めていく段階だ」

帰国した政府代表団から報告を受けた安倍首相は記者団に「北朝鮮側から過去の調査結果にこだわらず、新しい角度からくまなく調査を深めていくとの方針が示された」と述べ、政府代表団の訪朝には一定の成果があったと評価した。また、「拉致問題の解決に向けた強い決意を北朝鮮

北朝鮮の徐大河・特別調査委員長（中央）と外務省の伊原純一・アジア大洋州局長（右）＝2014年10月28日、平壌（代表撮影）

の最高指導部に伝えた。今後の迅速な調査と一刻も早い結果の通報を要求した」とも語った。

「結果」を求めて水面下の折衝

拉致問題で何らかの「成果」を出したい安倍政権は2015年に入ってからも、断続的に北朝鮮側と非公式の接触を重ねた。日本政府は公式的には認めていないが、私が取材で把握する限り、少なくとも、外務省の伊原純一・アジア大洋州局長や小野啓一・北東アジア課長は週末を利用して海外出張し、北朝鮮側との接触を繰り返していた。

1月　中国・上海
2月　中国・大連
4月　中国・大連、延吉（計2回）
6月　中国・大連、上海（計2回）
7月　中国・大連（計2回）
8月　マレーシア・クアラルンプール、中国・大連（計2回）
9月　中国・大連

伊原氏や小野氏は渡航の際、日朝接触を警戒する首相官邸や外務省詰めの記者への発覚を防ぐため、羽田空港や成田空港を避け、わざわざ新幹線などで東京を離れて地方空港を利用した。伊原氏は東京駅で記者に目撃されたこともあったが、「実家の京都に行っていた」と煙に巻いた。拉致問題で成果が得られる見込みがないなか、日本政府内で北朝鮮側との接触は秘密扱いとされ、協議した内容も首相官邸と外務省のごく一部の関係者にのみ伝えられた。

日本政府はこの年の7月に、北朝鮮側から北京の大使館ルートを通じて「全ての日本人に関する包括的調査を誠実に行ってきているが、いましばらく時間がかかる」との連絡があったと発表した。「調査は1年程度」としていた北朝鮮側が、結果報告を延期する考えを示したとの説明だった。8月に東南アジア諸国連合(ASEAN)関連外相会議が開かれたマレーシア・クアラルンプールで、岸田文雄外相は北朝鮮の李洙墉《リスヨン》外相と会談し、拉致被害者の再調査について「開始から1年以上たった時点で具体的な見通しが立っていないのは誠に遺憾だ」と申し入れた。

制裁の一部解除と引き換えに「日本人に関する包括的調査」を北朝鮮が約束したストックホルム合意は、すでに暗礁に乗り上げていた。岸田外相が李外相に遺憾の意を伝えてから約1カ月後に、共同通信は北朝鮮の宋日昊・朝日国交正常化交渉担当大使に平壌で行ったインタビュー記事を配信した。宋氏の発言には、ストックホルム合意をめぐる日朝双方の認識のズレが示唆されている。

・特別調査委員会が日本人に関する調査を誠実に行ってきており、結果報告がほぼ完成した。
・日本側と情報を共有する過程を経ていない。日本側の誰と情報を共有するべきなのかが明白ではない。特別調査委に相当する日本側のパートナー（常設組織）が必要だ。
・ほぼ完成したとの状況はまだ日本政府に公式伝達していない。日本側からこれに関する（公式）協議の提案がない。（提案があれば）どのレベルでも応じる用意がある。
・「いましばらく時間がかかる」というのは報告の準備ができていないということではなく、日朝政府間で情報共有の過程を経ておらず、発表時期についても合意できていないという趣旨だ。
・我々が日朝合意に基づき特別調査委を設置したのは、北朝鮮で日本人に関する問題がどうなっているのかを最終的に決着しようとの立場からだ。
・日本の対北朝鮮制裁はそもそもあるべきではない。日本は（過去に）朝鮮人に不幸と苦痛を与えた。制裁は（日朝関係の）障害であり完全になくすのが最善策だ。

宋氏の発言を読み解くと、調査報告は日本側に説明できる段階にあるが、日本側が受け取ろうとしないという不満を暗に示唆したと言える。日本側と秘密接触を繰り返してきたにもかかわらず、「情報共有の過程を経ていない」と述べ、「特別調査委に相当する日本側のパートナー（常設組織）が必要だ」と求めたのは、日本側の交渉担当者に不満を抱いているとのメッセージだったのだろう。

田中実さんらの生存を認めた北朝鮮

複数の日本政府関係者によれば、北朝鮮側は2014年秋から翌年にかけて断続的に再調査の「結果」を伝えていたのだ。そのなかで、日本政府が認定する拉致被害者12人（帰国者5人を除く）のうち、1978年に28歳で失踪した神戸市出身の元ラーメン店員、田中実さんの生存を明らかにした。また、田中さんの知人で、1979年に26歳で失踪した金田龍光さんの生存も認めた。金田さんは田中さんと同じラーメン店で働いていた。北朝鮮はそれまで、田中さんは「入国していない」と主張していた。ただ、田中さんと金田さんはそれぞれ結婚し、平壌で家族と幸せに暮らしており、日本に帰る意思はないとの説明だった。2人とも自ら渡航してきたとして、拉致は否定した。横田めぐみさんらほかの被害者についての新たな情報もなかった。北朝鮮側はこうした内容を盛り込んだ報告書を出してきたが、日本側の交渉担当者である伊原氏はその場で受け取らなかった。口頭で聞いた内容をノートにメモし、日本政府として報告書を受け取るかどうかの判断は留保した。

伊原氏からの報告を受け、安倍首相は政権幹部らと対応を協議した。菅官房長官は「これでは国民に説明できない」として、報告書は受け取るべきではないと強く主張したという。安倍首相も同調し、北朝鮮に調査継続を求めることにした。日本政府はいまだに、北朝鮮側から田中さんらの生存情報が伝えられたことを公式には認めていない。

ストックホルム合意がうまくいかなかったのは、「日本人に関する包括的な調査」の認識に最初からずれがあったことが大きいと言える。「拉致被害者の再調査を最優先」とする日本側に対し、北朝鮮側は田中さんら2人の生存を伝える一方で、拉致ではないとする調査結果を示し、日本側に経済制裁のさらなる解除や経済支援などの「対価」を求めようとした。合意前の協議段階で、調査は拉致問題が最優先であることを北朝鮮側に明確に伝えておく必要があったのではないか。反省点として、日本政府内にはそんな指摘をする声が少なくない。

交渉経緯を知る日本政府関係者はこう振り返った。

「北朝鮮は国家安全保衛部の関係者を出してきたので、金正恩に拉致問題の解決に向けて進展させる意思があると考えた。その認識が甘かったのかもしれない」

北朝鮮にはメリットはあったのか。北朝鮮が憂慮していた朝鮮総連中央本部の土地・建物については ストックホルム合意後、競売で高松市の不動産投資会社に売却されたが、その後、朝鮮総連と関係があるとされる有限会社から融資を受けた山形県の不動産会社に転売された。朝鮮総連はこの不動産会社との賃貸契約により最重要拠点を死守した。日本政府が便宜を図ったわけではないが、朝鮮総連問題は片付いた。日朝関係筋は「平壌では、朝鮮総連の競売問題が片付いたほか、制裁の一部解除を引き出すなど一連の日本側との交渉は韓国側に動揺を与えたとして、一定の成果として評価されたようだ」と話す。事実かどうかは判然としないが、少なくとも北朝鮮側が失ったものはなにもない。

その後、北朝鮮は2016年1月に、2013年以来4度目の核実験を強行した。続けて2月には長距離弾道ミサイルの発射も行った。日本政府は強く抗議し、2月にはストックホルム合意により緩和した制裁内容を復活させたほか、北朝鮮向けの送金を原則禁止するなど、独自の制裁強化措置を決めた。北朝鮮は即座に反発し、日本人に関する包括的調査を全面的に中止し、特別調査委員会を解体すると一方的に宣言した。北朝鮮は特別調査委員会名で「安倍政権がすでに解除した制裁措置を復活させ、追加制裁まで科すということは、彼ら自らストックホルム合意の破棄を公言したことになる」「今日の重大な結果を生んだ責任は、全て安倍政権が負うべきである」との談話を発表した。

日本政府は、ストックホルム合意を破棄する考えはないと強調したが、事実上、合意は破綻した。北朝鮮は核・ミサイル開発を加速させ、日朝間で対話の機運は遠のいた。

第7章 拉致問題の解決に向けて

工作機関が関与した金正男氏暗殺

2017年2月13日午前、マレーシアのクアラルンプール国際空港。家族が住むマカオに向かうため、北朝鮮の金正恩総書記の異母兄、金正男《キムジョンナム》氏は1人で3階の出発ホールに入った。国際線の自動チェックイン機の前まで進むと、前方から女が歩み寄り、注意を奪われた直後、背後から別の女が飛びかかってきた。後ろから女の両手が伸び、正男氏の顔を拭った。その間わずか2秒。2人の女は一瞬で立ち去った。正男氏は2階の診療所に自らの足でたどり着いたが、容体が急変。病院に搬送される途中で死亡した。

マレーシア警察による遺体の司法解剖の結果、正男氏の目の粘膜や顔の表皮から猛毒の化学剤「VX」の成分が検出された。VXは有機リン系の猛毒で、微量でも体内に入ると死亡する。オウム真理教による殺傷事件で使われたこともある。正男氏は顔に毒物をなすりつけられ、暗殺されたのだ。実行犯の女2人はベトナム、インドネシア国籍だったが、この犯行の様子を近くのレストランで北朝鮮籍の男たちが見ている様子を防犯カメラが捉えていた。襲撃後、現場にいた北朝鮮籍の4人の男が出国手続きを行って空路、インドネシアに向かい、ドバイなどを経由して北朝鮮に帰国したとされる。

このほか、マレーシア警察の調べでは、在マレーシア北朝鮮大使館の2等書記官や北朝鮮の航

パリで知人と会食する金正男氏＝
2016年6月（関係者提供）

空会社「高麗航空」の職員ら、計8人の北朝鮮籍の男が事件に関与した疑いがあるという。

多くの人が行き交う公共エリアで行われた大胆な犯行は、まるで映画のワンシーンのようだ。正男氏の暗殺事件は日本でも大きく報道され、話題を呼んだ。韓国の情報機関・国家情報院は、犯行への関与が疑われる男たちに、秘密警察の国家保衛省や外務省に所属する人物が含まれると結論づけた。前述のとおり、正恩氏の父、金正日氏が日本人拉致を認めた2002年の日朝首脳会談の事前交渉を担ったのは保衛部の副部長だった柳敬氏だ。その頃から、保衛部が朝鮮労働党の工作機関に代わり拉致被害者の管理を行うようになったとされる。2014年に北朝鮮が拉致被害者を含む「日本人の包括的調査」を約束したストックホルム合意に至る過程でも、日本側との事前交渉を担った。合意に基づいて立ち上げた特別調査委員会の委員長に保衛部副部長の徐大河氏が就任していた。

北朝鮮は度々、組織改編を行っており、それぞれの組織が担う役割や活動の全容は摑みにくいが、国家保衛省は政治犯やスパイの摘発を主な任務とし、テロ・工作活動にも関与しているとされる。一方で、外国でのテロ・工作活動を行う組織としては軍偵察総局や朝鮮労働党の統一戦線部の名前も挙げられる。韓国政府関係者によると、韓国の情報機関・国家情報院は当初、偵察総局による犯行の可能性が高いとみていた。海外の要人暗殺を任務の一つにする偵察総局が正男氏の殺害を狙っているとの情報を以前から得ていたからだ。そもそも、マレーシアなど東南アジアでは以前から偵察総局所属の工作員による活動が目立っていた。

偵察総局は2009年に軍の総参謀部偵察局、朝鮮労働党の作戦部と対外情報調査部が統合してできた組織だ。韓国を始め、外国に工作員を潜入させて情報収集や世論工作、テロなどの破壊活動、要人の暗殺などを担うほか、各国へのサイバー攻撃や密輸など外貨獲得のための活動も行っているとされる。

北朝鮮が起こしたテロ事件は、1983年にビルマのラングーン（現・ミャンマーのヤンゴン）で韓国の全斗煥《チョンドファン》大統領一行を狙った爆弾テロ事件、1987年の大韓航空機爆破事件などが有名だが、北朝鮮は証拠により関与が明らかになっても「韓国の自作自演」「でっち上げだ」と否定するのが常套手段だ。正男氏暗殺事件も、発生から9日後に「朝鮮法律家委員会スポークスマン」の談話として次のように反論した。

「当初、マレーシア外務省と病院は我が大使館に、心臓発作による死亡であることを確認し、遺体を大使館に移管して火葬することにしたと通報した。ところが、南朝鮮の保守メディアが『政府消息筋』によるとして、何者かによる『毒殺』を主張するや否や、マレーシア秘密警察が介入し、それをむやみに既成事実化し、遺体の司法解剖を提起したことから問題が複雑になり始めた。マレーシア側はわれわれの正当な要求と国際法を無視し、我々との何の合意や立ち会いもなしに遺体の司法解剖を強行した。これは、共和国の自主権に対する露骨な侵害であり、反人倫的行為である」

日韓の複数の政府関係者によると、マレーシア警察は韓国や米国から金正男氏の指紋情報の提供を受けた。照合した結果、殺害された男性は正男氏に間違いないと判明した。ただ、米韓が保有する指紋情報は合法的に採取したものではない。裁判で証拠採用されるには合法的に採取し、保存された指紋情報が必要になる。このため、マレーシア政府は日本政府に協力を依頼した。正男氏は2001年5月に、ドミニカ共和国の偽造旅券で成田空港から日本に入国しようとして、東京入国管理局に拘束されたことがある。この際に採取した指紋情報は茨城県牛久市の東日本入国管理センターに保管されており、日本政府はマレーシア政府に提供した。マレーシア警察は最終的に、家族から提供されたDNAサンプルで本人と確認した。

それでも、北朝鮮は正男氏が死亡時に所持していた外交官用旅券の記載どおり「死亡したのはキム・チョル氏」と強く主張し、マレーシア警察が正男氏と断定したことを批判した。北朝鮮の関与により指導者の血筋を受け継ぐ者が殺害されたという話が北朝鮮内で国民に伝われば動揺が広がり、金王朝の支配体制に影響を及ぼしかねない。

正恩氏にとって、「白頭山《ペクトゥサン》血統」と呼ばれる指導者の血筋だけが権力継承のよりどころだ。正男氏の母親が北朝鮮生まれの女優だったのに対し、正恩氏の母親は在日朝鮮人出身で出身成分（北朝鮮独自の階級制度）が低いとされる。

「正恩氏は中国政府の保護下にあった正男氏を、自分の地位を脅かす存在として極度に恐れていた」（韓国政府関係者）。それだけに、正恩氏自身が暗殺の実行にゴーサインを出していた可能性は説得力をもって取り沙汰されるのである。

テロや暗殺への関与を必ずと言っていいほど否定する北朝鮮が、実行行為を認め、トップが謝罪した極めて異例のケースが日本人拉致事件だ。2002年9月、平壌で行われた日朝首脳会談で、正日氏は「1970〜1980年代初めまで、特殊機関の一部が妄動主義、英雄主義に走ってこういうことを行った」と言及し、謝罪した。その結果、蓮池薫さんと祐木子さん夫妻、地村保志さんと富貴恵さん夫妻、曽我ひとみさんの被害者5人の帰国が実現した。だが、その後は進展がなく、問題解決の見通しは立たない。2014年のストックホルム合意に基づく拉致被害者の再調査についても、北朝鮮側は核実験に対する日本の独自制裁強化を理由に一方的に打ち切りを宣言し、その後は日本との対話に消極的な姿勢を取り続けている。

日朝交渉、消えたキーマン

2016年夏。中国・北京にあるホテルの一室で、北朝鮮に人脈を持つ日本の政界関係者は、「キム」と名乗る50代の男と向き合っていた。キム氏とは以前にも何度か会ったことがあった。キム氏からは、北朝鮮の秘密警察・国家保衛省で対日関係を担当しており、拉致被害者の横田めぐみさんの娘、ウンギョンさんの生活支援もしていると説明を受けていた。

この時の面会では、キム氏は何かを警戒しているようで、「人目が気になる」と何度も口にした。夕食に出かけることも嫌がり、仕方がないのでスーパーで買った菓子をつまみに、安物の赤ワインを飲みながら語り合った。このころ、北朝鮮は核実験やミサイル発射を繰り返していた。ほろ酔いになったキム氏は、たばこをくゆらせながら愚痴をこぼした。「我々は失敗したら命が危ないこともある。だけど、日本人は部署が変わるだけで済むんだ」。こうも話したという。「対日関係を担当して出世した人はいない。割に合わないが、ボスがやり残した仕事を進めなければならない」

キム氏が触れた「ボス」とは、2002年の日朝首脳会談に向けて、日本側との極秘交渉に臨んだ保衛部の柳敬副部長のことだったという。

柳氏は交渉相手だった田中均外務省アジア大洋州局長に名前を明かさず、日本では「ミスターX」と呼ばれたことは既に述べた。複数の政府関係者によると、外務省は2000年ごろに、北朝鮮の「キム」と名乗る男と接点を持った。キム氏は、保衛部の課長と自己紹介した。外務省はキム氏との接触を繰り返し、信頼関係を築いた。その後、上司として柳氏が交渉の席に出てくるようになり、2002年の首脳会談につながったとされる。

北朝鮮の政府機関に所属していた脱北者らによると、キム氏は平壌外国語大卒で日本語が流暢、沈着冷静で語り口は論理的だったという。保衛部の前に北朝鮮外務省に在籍していたが、保衛部が日本に精通するキム氏をスカウトしたという情報もある。

当時の事情を知る日本政府の元高官によると、キム氏は、田中氏と柳氏の極秘交渉の日程や場所を調整し、交渉の場にも同席した。ただ、この元高官は「キム氏が本名を名乗っていたのかはわからない」と話す。

この交渉を経て実現した2002年の首脳会談は、拉致被害者5人の日本帰国につながった。だが、拉致を認めて日本と国交正常化し、植民地支配に関する「過去の清算」で見返りを得るとの北朝鮮側のシナリオは崩れた。日本国内で拉致問題が広く知られるようになり、北朝鮮への猛烈な批判が巻き起こったからだ。

韓国政府の元高官によると、柳氏は2011年1月にスパイ容疑で逮捕され、銃殺されたとされる。柳氏は韓国側との秘密交渉も担っていたが、そのことが仇《あだ》となったようだ。柳氏は韓国側から金品を受け取ったとのぬれぎぬを着せられ、側近の部下らとともに粛清されたという。韓国政府の元高官はこうも話した。「金正日総書記から信頼され、大きな権力を握っていた。疎ましく思う幹部も多かった」

2011年12月に正日氏が死去し、金正恩体制に移行した。外務省関係者によると、キム氏は上司である柳氏の粛清に巻き込まれずに生き残った。日本側のカウンターパートと定期的に第三国で接触し、パイプをつなぐ役割を続けた。そして、再び日本側との秘密交渉に臨み、北朝鮮が拉致被害者の再調査を約束した2014年のストックホルム合意に至った。

だが、合意は事実上破綻し、新たな拉致被害者の帰国は実現していない。外務省関係者らによると、合意から数年後にキム氏との連絡が途絶えたという。

前述したキム氏を知る政界関係者も「最後に会ったのは2016年夏で、2018年以降は完全に消息が途絶えた」と証言する。キム氏が「日本外務省のカウンターパートらと極秘に接触している」と語ったのを聞いており、外務省とのパイプ役となっていた同一人物と確信する。キム氏には糖尿病の持病があったが、酒を控えるなど体調管理には気をつけていたという。

ある日本政府関係者はこう話す。「キム氏は脳出血で倒れて平壌の病院に入院したとの情報がある。一方で、粛清されたという話もある。真相はわからないが、彼がいなくなれば日本としては痛い。極秘で交渉を進めるための重要なパイプを失ったことになる」

外務省関係者によれば、2017年になり、外務省側とキム氏との接触の機会は減り、その後、消息がわからなくなったという。外務省が持つ北朝鮮との唯一の秘密交渉ルートは途絶えてしまったことになる。

2017年に北朝鮮は6回目の核実験を実施し、弾道ミサイルも繰り返し発射した。朝鮮半島情勢は極度に緊張した。この年の1月に米大統領に就任したトランプ氏は、11月に北朝鮮を「テロ支援国家」に再指定した。

これに先立ち、安倍氏は2017年9月の国連総会で、「我々が営々続けてきた軍縮の努力を、北朝鮮は一笑に付そうとしている。不拡散体制は、史上最も確信的な破壊者によって深刻な打撃を受けようとしている」と痛烈に批判。「必要なのは対話ではない。圧力なのです」と訴えた。

北朝鮮の対日政策に詳しい関係者によると、この演説を契機に、正恩氏が「日本との交渉は不可能」と判断したという。

ロシアのウラジオストク駅で北朝鮮の政府関係者と話す金正恩・朝鮮労働党委員長＝2019年4月26日（鈴木拓也撮影）

潮目が変わったのは2018年2月の平昌《ピョンチャン》五輪だった。北朝鮮は米韓と対話ムードに転換。4月に板門店で南北首脳会談、6月にはシンガポールで初の米朝首脳会談が行われた。

日韓の複数の政府関係者によると、北朝鮮を取り巻く環境がめまぐるしく変化するなか、安倍政権は秘密交渉ルートが途絶えた外務省ではなく、官邸主導で北朝鮮側への接触を試みた。

内閣情報官だった北村滋氏は、韓国の徐薫《ソフン》・国家情報院長の仲介により、2018年7月にベトナム・ハノイで北朝鮮の対南工作機関・朝鮮労働党統一戦線部の金聖恵《キムソンヘ》・統一戦略室長と極秘会談した。金聖恵氏は当時、正恩氏から対米交渉を任されていた金英哲《キムヨンチョル》・党副委員長の部下。日本側の意向を正恩氏に伝えるチャンスだった。だが、双方ともに基本的な立場を繰り返し、新たな提案はなかったとされる。この結果を聞いた徐氏は、周囲に「もう2人が会うことはないだろう」と不満げに語ったという。

「拉致問題を解決するためにあらゆるチャンスを逃さない。私自身が金正恩委員長と向き合わなければならない」。安倍氏は2019年5月に、前提条件をつけずに首脳会談の実現を目指すとの考えを表明した。

この呼びかけを北朝鮮側はどう受け止めたのか。2019年秋に、平壌で対日政策に関わる北朝鮮の政府関係者と面会したある日本人男性は、こう聞かされたという。「単なるパフォーマンスだ。日本側からは何の打診もない」

拉致被害者に付与された「番号」の謎

北朝鮮は頑《かたく》なに拉致問題は「解決済み」との主張を変えようとしない。それでも、来るべき本格交渉に備えて政府は引き続き情報収集や分析に努め、いまだに判然としない拉致事件の全容を把握する努力が必要になるだろう。

内閣官房拉致被害者・家族支援室が2004年に、2002年に帰国した5人の被害者から聞き取りを行い、その内容を中心に分析を加えた内部文書は、過去の北朝鮮の動向を分析するうえで貴重な資料と言える。その内容をみていきたい。

文書によると、日本人拉致を発案・実行、北朝鮮での被害者管理に関わった工作機関は、朝鮮労働党の対外情報調査部、作戦部、統一戦線部、社会文化部（後の対外連絡部、現・統一戦線部25室）の4機関で、総称として朝鮮労働党の「3号庁舎」と呼ばれた。このうち、実際に日本人拉致を実行したのは、工作船などを使って工作員を日本に送り込んでいた作戦部。拉致被害者が生活する招待所の運営を行っていたのは対外情報調査部だった。

対外情報調査部のなかで対日工作は第2課、工作員教育は第5課で、被害者5人が日本に帰国した際、「朝鮮赤十字会」の職員として来日した北朝鮮の随行団のなかには、対外情報調査部の幹部が含まれ、5人の言動に目を光らせていたという。このため、5人は帰国当初、記者会見の場などで硬い表情を崩さず、不用意な発言をしないように心がけていたのである。
では、実際にどれだけの日本人が北朝鮮の工作機関により拉致されたのだろうか。日本政府が認定するのは帰国した5人を含めて17人だ。だが、文書の内容は、実際には把握できていないより多くの被害者がいる可能性を示している。
作成者は次のような考察を記している。「両家（蓮池さん夫妻、地村さん夫妻）の以前に約10名の拉致被害者がいたということも考えられる」。
2002年に帰国した蓮池さん夫妻、地村さん夫妻には、北朝鮮工作機関に拉致されたとみられる順番に5桁の通し番号が付与されていた。
蓮池薫さん12011
蓮池祐木子さん12012
地村保志さん12014
地村富貴恵さん12012
4人のうち、2人は同じ番号を記憶していた。この点について文書には注釈で、富貴恵さんの証言として「番号が祐木子さんと重なっているが、富貴恵さん自身、末尾番号が記憶違いの可能性があると述べている」と記される。4人には「12011〜12014」の連続した番号が割り振られていたとみられる。4人が番号の存在を知ったのは、1986〜2000年に平壌郊外の「大陽里招待所」で生活していた時だった。番号は転居しても変わらなかったという。

番号が示す意味については被害者らは北朝鮮当局から教えられていなかったが、配給などの際に番号が使われたという。文書には「北朝鮮ではいろんな朝鮮名を使っていたが、名前はあまり重要ではなかった」との証言もある。4人への聞き取り調査の結果、作成者は「4人の番号の冒頭『12』は、日本人拉致被害者に割り当てられていた可能性もある」と分析した。蓮池さん、地村さん両夫妻の4人が拉致されたのは1978年7月で、番号の下2桁が11〜14だった。このため、北朝鮮が日本人を拉致した順番に番号をつけていったものとみなし、「両家（が拉致される）以前に約10人の被害者がいたことも考えられる」と考察した。

蓮池さん、地村さん両夫妻以前に被害に遭った日本政府認定の被害者は、久米裕さん（当時52歳）、松本京子さん（当時29歳）、横田めぐみさん（当時13歳）、田中実さん（当時28歳）、田口八重子さん（当時22歳）の5人しかいない。文書の指摘通りなら、拉致認定者以外に少なくとも5人の被害者がいた可能性がある。

蓮池さん、地村さん両夫妻以前の1977年11月に拉致された横田さんにも番号がつけられていたようだ。帰国した被害者のなかに、具体的な数字を記憶している人はいなかったが、うち1人は「若い番号だった」と証言する。

私は蓮池薫さんに2023年9月にインタビュー取材し、この番号についても聞いた。9月19日に配信された朝日新聞デジタルの記事の中でも触れているが、蓮池さんの見解は異なり、日本人拉致被害者だけに割り振った番号との見方を否定した。

「私と同じ招待所地区にいた工作員も含めて、全員に番号が割り当てられていました。配給や招待所の運営は工作機関ではなく、党の財政経理部という部署でした。

配給などを通じて、工作機関に所属する人の名前が外に漏れないように、すべて番号でやりとりされているのです。すべては秘密保持のためです」


蓮池さんへのインタビュー後、長年にわたって拉致問題に取り組み、北朝鮮側との交渉に臨んだ経験のある政府関係者にも尋ねた。この関係者は「日本人拉致被害者に割り振った番号である可能性が高いと思う。北朝鮮がひた隠しにする被害者が他にもいると、私は確信している」と断言した。番号は何を意味するのか。真相は不明だが、政府は把握できていない日本人被害者が多数いる可能性を踏まえて、北朝鮮と交渉に臨むべきだろう。

一方で、曽我ひとみさんには「12」から始まる番号の記憶はなく、「配給番号」として「709」の数字を覚えていた。1980年に米国人のジェンキンスさんと結婚後、他の元米兵らと軍管理の招待所で生活しており、文書には、別の招待所にいた蓮池さん、地村さん両夫妻とは別の番号で管理されていた可能性が示されている。

これは言い換えれば、蓮池さん、地村さん両夫妻のように朝鮮労働党の対外情報調査部の管理下ではなく、軍の管理下に置かれていた曽我さんのような日本人被害者が他にもいる可能性があるということだ。北朝鮮当局は今でも、拉致した日本人らを別々の地域に住まわせたり、外出を制限したりして、日本人同士を接触させないように管理しているとみられる。帰国した5人も、北朝鮮で直接会ったことのある他の被害者は横田めぐみさん、田口八重子さん、増元るみ子さんの3人だけだった。政府が把握できていない日本人被害者が多数、存在している可能性はある。

「これまで当局の言うことをよく聞いて、特に問題がなかったので帰国者リストに載せた」。2002年に被害者5人が帰国を準備していた時期に、被害者を管理する指導員が曽我さんにこう打ち明けたという。この証言が本当ならば、他に被害者が存在しながら北朝鮮が発表しなかったとも考えられる。北朝鮮の内情に詳しい日本政府関係者は「認定以外の拉致被害者は当然いる」と話す。

日朝関係筋によると、北朝鮮が「日本人の包括的な再調査」を約束した2014年のストックホルム合意の前に、北朝鮮側は「特別な日本人」が存在する可能性を示唆していた。首相官邸や外務省内には、北朝鮮が新たに拉致被害者の生存を明らかにし、帰国させる用意があるとのメッセージを暗に送ってきているのではという期待感があった。このため、終戦前後に亡くなった日本人の遺骨問題や残留日本人、行方不明者も含めた調査をパッケージで行うという北朝鮮側のプランに応じた。

ただ、日本政府内には、北朝鮮が遺骨調査などを優先し、拉致問題をうやむやにするのではないかとの懸念の声もあった。実際、外務省の主導で北朝鮮との交渉が進む中、拉致問題対策本部事務局は首相官邸に「包括的調査は筋が悪い」と進言していた。

再調査結果を出すように再三にわたって求める日本側に対し、北朝鮮は非公式に、拉致被害者の田中実さんと知人の金田龍光さんの生存情報を伝えてきた。だが、「自ら渡航してきた」と説明し、拉致を否定した。当時の安倍政権は、2人は日本に身寄りがなく、帰国しても「成果」として世論に十分にアピールできないと判断。むしろ、再調査の報告書として正式に受け取れば、北朝鮮に拉致問題の幕引きを図られたと日本国内で批判を浴びると懸念した。報告書は受け取らず、田中さんらの生存情報は公表しないことにした。

北朝鮮にとっては「拉致問題は調査の1項目に過ぎない」(日朝関係筋)という立場だったが、日本側は「特別な日本人がいる」との発言を重視した。田中さんらの生存情報だけでは納得できず、結果として1人の帰国も実現しなかった。再交渉に備えて、交渉戦術を練り直す必要がある。

政府の拉致問題対策本部事務局は、北朝鮮関係者との接触や韓国政府などの協力を得て、被害者の生存情報を収集してきた。ただ、実際に存在を確認できるわけではないので「最終的には北朝鮮に調査を求めるしかない」(警察当局関係者)のが現状だ。

北朝鮮で、蓮池さん夫妻や地村さん夫妻を担当していた指導員は、1~3年で次々に交代していったという。帰国後の日本政府の聞き取り調査に対し、被害者の1人は「指導員は頻繁に交代するので、過去の経緯を知っている人はもういない。だが、必ずどこかに記録は残っているはずだ」と指摘している。

指導員は毎年1〜2回、担当する被害者の暮らしぶりや言動などについて記録した評定書を作り、上司に提出していたとされる。被害者は拉致された直後に履歴書や、指導に従うことを約束させる誓約書も書かされていた。

複数の政府関係者によると、2004年11月の日朝実務者協議で、北朝鮮側に評定書の提出を要求したが、北朝鮮は存在自体を否定したという。「一度、北朝鮮側が存在を否定したものを再び求めても意味がない」（政府関係者）との意見もあるが、粘り強く提出を求めるべきではないだろうか。制裁解除というカードをちらつかせながら、まずは拉致事件に関して残存する証拠資料の提出を強く求める。このことは拉致事件の全容を解明し、生存する被害者の帰国に応じさせるうえで有効な手段になるはずだ。

岸田政権で続く水面下の接触

高齢となった被害者家族の中には、我が子との再会を果たせずに亡くなる方々も増えている。拉致問題を「最重要課題」として取り組むと言いながら、解決の見通しすら示せない政府に対し、家族が不満や怒りを募らせるのは当然だ。ただ、「解決済み」と主張する北朝鮮に対し、政府も手をこまねいて何もしていないというわけではない。

安倍政権で官房長官を務めた後、2020年9月からの約1年間、首相を務めた菅義偉氏を、私は2023年6月9日にインタビューした。その中では、拉致問題についても尋ねた。菅氏はこう語った。

「詳しくは申し上げられませんが、私が首相の時も、いろんな情報に接し、解決に向けて動いていました。北朝鮮側には、いろんなルートを使って対話のメッセージを伝えていました」

政治家の言葉は信用できない、額面通りには受け取れないと感じる方も多いだろう。だが、私はこの言葉に嘘はないと感じた。なぜならば、安倍政権末期から続く日朝の水面下の動きについてつかんでいたからだ。

複数の日朝関係筋によると、東南アジアの某都市で日朝の政府関係者が定期的に接触し、日本側からは「日朝平壌宣言に基づき拉致問題を解決し、戦後補償の問題を清算して日朝を実質的な関係に樹立する」との日本側の立場を伝えていた。コロナ禍での秘密接触に、北朝鮮側は本国からではなく、海外に駐在する朝鮮労働党関係者が出てきた。

この秘密接触は、2021年10月に発足した岸田内閣にも引き継がれた。日朝は何も動いていないと思い込んでいた多くの報道関係者や有識者が、「異変」に気付いたのは2023年5月27日、岸田文雄首相の発言だった。岸田首相はこの日、拉致被害者の家族会や支援団体が主催した会合に出席し、金正恩総書記との首脳会談の早期実現に向け、「私直轄のハイレベルで協議を行

全拉致被害者の即時一括帰国を求める国民大集会で発言する岸田文雄首相＝2023年5月27日、東京（後藤遼太撮影）

っていきたい」と踏み込んだ。

岸田首相の発言の2日後。北朝鮮が呼応するかのように、意味深な発信をした。拉致問題は「解決済み」との従来の主張を繰り返しつつも、「日本が新たな決断を下すなら、朝日両国が会えない理由はない」とする外務次官談話を発表した。

複数の日朝関係筋の証言によると、3月と5月の2回、東南アジアの主要都市に内閣官房の幹部が極秘に渡航し、北朝鮮の朝鮮労働党関係者と接触していたのだ。北朝鮮側は、日朝間の国交正常化交渉に前向きな姿勢を示したという。一方、日本側からは、首相の日朝首脳会談への意欲も伝えられた。新型コロナをめぐる北朝鮮への入国制限の緩和が見込まれる2023年秋ごろにも、政府高官を平壌に派遣する案も話し合われたという。

数年前に外務省と北朝鮮の秘密警察「国家安全保衛部」とのパイプが途絶えた後、内閣官房の関係者が第三国で北朝鮮側と断続的に接触し、政府間協議の本格的な再開への意思を探り合ってきたという。首相の「ハイレベル協議」発言と北朝鮮の外務次官談話は、5月の日朝接触とタイミングが重なる。

岸田首相が正恩氏との早期会談を目指す背景には、被害者家族の高齢化がある。2020年に家族会初代代表の横田滋さん、2021年には後任の代表だった飯塚繁雄さんが死去した。家族らは「全拉致被害者の即時一括帰国」を求め、2004年以来となる日朝首脳会談の実現を望む。岸田首相は就任直後、横田めぐみさんの母親である早紀江さんに電話した際に、「とにかく日朝

拉致被害者の曽我ひとみさんから要望書を受け取る岸田文雄首相＝2023年7月5日、首相官邸（上田幸一撮影）

会談を早くやってほしい。相手と話し合ってもらい、失敗してもまた行ってもらいたい」と求められた。

岸田首相の「ハイレベル協議」への言及は、拉致問題担当相を兼ねる松野博一官房長官が首相に強く進言したという。首相官邸関係者は「我々は水面下で努力しており、何もしていないわけではないことを発信したかった」と語る。

一方、米韓と対立する北朝鮮にも、日本との対話を探るメリットはある。対米関係は相次ぐ弾道ミサイル発射などで険悪化。韓国とも、北朝鮮に融和的な文在寅《ムンジェイン》前大統領から強硬な姿勢が目立つ尹錫悦《ユンソンニョル》大統領に代わったことで対立は深刻化している。日本との対話を進めれば、日米韓の連携を揺さぶることができるとの狙いも透ける。

実際、韓国は日朝間の接触に神経をとがらせていた。日韓両政府の関係者によると、尹政権の外交・安全保障政策の司令塔である趙太庸《チョテヨン》・国家安保室長は2023年7月、秋葉剛男・国家安全保障局長に電話し「北朝鮮と水面下で協議しているのなら、きちんと説明してほしい」とクギを刺したという。

ただ、日朝間の意見の隔たりは大きい。北朝鮮が「拉致問題は解決済み」という態度を変える気配はない。日朝関係筋によると、2023年春の日朝接触では、拉致問題の解決に向けた具体的なやりとりまでは行われなかったという。

ウクライナ情勢をきっかけにロシアと北朝鮮が接近していることも影を落とす。朝鮮中央通信が2023年12月31日に配信した記事によると、年末に開かれた朝鮮労働党の中央委員会総会で、正恩氏は1年を振り返り、国際情勢に「巨大な地政学的変化が起きた」と指摘。そのうえで、「社会主義国との関係発展に力を入れ、米国など西側諸国の覇権に反旗を翻す国々との関係をさらに発展させ、我が国の支持連帯基盤をより強く固めるための課題を提示した」という。イスラエル・パレスチナ情勢も念頭に、当面は米国と対立するロシアや中国、イランなどとの外交を優先するとみられる。対話相手としての日本の優先順位は低くなった、と複数の政府関係者は分析する。

日朝首脳会談で北朝鮮が拉致問題を認め、被害者5人の帰国が実現した2002年当時は、1990年代後半に多数の餓死者を出す「苦難の行軍」に見舞われ、国内経済の立て直しが急務だった。北朝鮮は経済協力などを期待して日本に接近したとされる。安全保障上も、敵対する米国の脅威を今とは比較にならないほど感じていたはずだ。核・ミサイル開発を進めていたものの、核実験には至っていないレベルだった。

とはいえ、北朝鮮が経済的に困窮を続けているのは間違いない。コロナ禍で長らく、貿易の9割を依存する中国との国境を封鎖した影響が追い打ちをかけた。日朝関係筋によると、北朝鮮は日本が独自制裁を解除し、貿易再開に応じることを望んでいるという。

正恩氏は2024年1月5日付で、元日に発生した能登半島地震の被害を受けて、岸田首相に見舞いの電報を送った。6日付の朝鮮労働党の機関紙・労働新聞（電子版）によると、内容は次のとおりだ。

日本国総理大臣
岸田文雄閣下

私は、日本において不幸にも、新年早々、地震により多くの人命被害と物的な損失を被ったとの報に接し、あなたとあなたを通じて、遺族と被災者に深い同情とお見舞いの意を表します。私は、被災地の人々が一日も早く地震の被害から復興し、安定した生活を取り戻すことを祈ります。

朝鮮民主主義人民共和国国務委員長
金正恩
チュチェ113(2024)年1月5日　平壌

正恩氏が日本の自然災害に関連して見舞いのメッセージを寄せたのも、岸田首相に電報を送ったと北朝鮮メディアが伝えたのも初めてだろう。北朝鮮はこの日、海上射撃訓練と称して韓国との海上の軍事境界線にあたる北方限界線(NLL)付近に200発近い砲撃を行い、韓国に対しては危険な軍事挑発を行った。韓国や米国に対する態度とは一線を画し、日本に対話の用意があることをほのめかしたとも言える。林芳正官房長官は記者会見で「金正恩総書記からのメッセージにも感謝の意を表したい」と応じた。「2011年の東日本大震災を含め、北朝鮮の最高指導者からわが国の総理宛てに地震などに対するお見舞いのメッセージが発出された近年の例は承知していない」とも述べた。

岸田首相は2023年10月23日の臨時国会で所信表明演説に臨み、拉致問題は「ひとときもゆるがせにできない人道問題であり、政権の最重要課題だ」と強調。日朝首脳会談の早期実現などに向け、「私は大局観に基づく判断をしていく」と、5カ月前に初めて言及した「ハイレベル協議」からさらに踏み込んだ表現をした。支持率が低迷するなかでも、首相在任中に北朝鮮との交渉を進め、何らかの成果を出したいという意欲の表れと受け止めたい。

日朝間で行われる水面下の接触は今後も続くだろう。北朝鮮の拉致問題をめぐる主張は頑なようにみえるが、正恩氏の父親が署名した2002年の日朝平壌宣言を尊重する姿勢も持ち合わせている。独裁体制であるが故に、正恩氏の腹一つで方針が大きく変わることもある。日本との交渉にメリットを感じ、メンツを保つこともできると判断すれば、態度を変えてくる可能性は十分にある。粘り強く働きかけていくしかない。北朝鮮で不自由な生活を強いられる被害者たちの帰国が、一日も早く訪れることを願ってやまない。

あとがき

拉致被害者の横田めぐみさんが北朝鮮に拉致された疑いが濃厚と報道され、拉致被害者家族連絡会が結成されたのは１９９７年。13歳の中学生が突然襲われ、閉ざされた異国に連れ去られていたというニュースは、大学3年生の私に衝撃を与えた。就職活動を控え、新聞記者を志すきっかけの一つになった。

ただその時は、解決されずにこんなにも長い歳月が流れることになるとは思わなかった。被害者家族は高齢化し、２０２０年に家族会初代代表の横田滋さん、翌年には後任の代表だった飯塚繁雄さんも他界した。拉致問題がニュースになる機会は減り、世論の関心が低下していることは否めない。拉致問題の風化が懸念されるなかで、少しでも多くの方に関心を持っていただきたいとの思いから、取材の蓄積を本にまとめようと決めた。

かつて、日本が植民地支配した朝鮮半島は第2次大戦後、東西冷戦下で南北に分断された。北半分に生まれた社会主義陣営の独裁専制国家は、敵対する韓国などへの工作活動を強化していった。その一環として、外国人を拉致して洗脳教育し、工作活動に従事させようという無謀な計画の一環として、実行されたのが日本人拉致である。

2002年の日朝首脳会談の結果、日本に帰国できた被害者は5人にとどまる。いったい、どれだけの人が北朝鮮に拉致されたのか。最高指導者が拉致を認めて謝罪したにもかかわらず、ほかの被害者を日本に帰そうとしないのはなぜなのか。北朝鮮の真意は定かではない。

帰国できた5人に共通するのは、北朝鮮当局の信頼を得ていたという点だ。自由のない隔離された生活を強いられるなかでも、指導員らの前で不平不満を言わず、従順を装い、日本に戻しても北朝鮮に不利な言動はしないと判断されたとみられる。また、当初は北朝鮮に子供たちを残し、一時帰国の予定だった。最愛の家族を「人質」に取られた状況で、約束を守らず日本にとどまるような選択はするはずがないという自信が北朝鮮側にはあったのかもしれない。その後、北朝鮮は拉致問題は「解決済み」と主張するようになった。

拉致問題に取り組んできたある政府関係者は、生存する被害者の存在を伏せ続ける理由をこう分析する。「口外されては困る秘密情報に接している場合、または長年の隔離生活に耐えかねて精神疾患を発症した被害者の存在は、日本の世論の反発を恐れて隠したいはずだ」

被害者のうち、田口八重子さんは大韓航空機爆破事件の実行犯、金賢姫氏の日本語教育係だった。横田めぐみさんも、金賢姫氏の同僚工作員に日本語を教えていたとされる。北朝鮮はいまだに事件への関与を否定しており、不都合な証言をされては困るという動機から「死亡した」と言い張っている可能性は十分に考えられる。

本書で書いたとおり、2014年のストックホルム合意の後、北朝鮮は日本側に田中実さんら

2人の生存を伝えてきた。「自ら渡航してきた」として拉致行為は否定しつつも、帰国した5人以外に生存者はいないとする従来の主張を覆してきた。日本政府は公式に求めず、田中さんたちの帰国が実現していないのは残念でならないが、北朝鮮はメンツさえ保たれるのなら、今後も北朝鮮で暮らす被害者の存在を明らかにする可能性はあるだろう。

ソウル特派員時代に取材した北朝鮮の元外交官は、北朝鮮の対日外交の方針をこう語った。「まずは日本が過去の植民地支配への清算を行い、外交関係を樹立した後に、拉致問題は人道的に解決を図るというものだ」。拉致問題の解決が最優先である日本とは立場が異なる。

ただ、日朝の国交正常化が実現すれば「韓国を大きく揺さぶることができ、北朝鮮にとっての外交、安全保障上の利点は大きい」とも指摘した。独裁国家であるが故に、金正恩総書記がメリットを感じれば、日本に接近を図ってくる可能性は十分にあると言える。

元外交官によると、北朝鮮外務省には約400人の職員がおり、うち「日本課」は20人弱という。日本とは国交がなく、普段は外交協議の機会もない。日々の仕事は、日本の新聞記事など報道のチェックに費やされる。日本の政治状況を詳しく分析しているということだ。

日朝首脳会談が実現した2002年は小泉政権、ストックホルム合意があった2014年は安倍政権で、朝日新聞社の世論調査によると、ともにおおむね40%以上の支持率を維持し、政権運営は安定していた。

岸田文雄首相は2023年5月に「(日朝首脳会談実現に向けて)私直轄のハイレベルで協議を

行っていきたい」と踏み込んだ。日朝の間で本格交渉に向けた水面下の接触が続いていた時期だ。だが、その後は政権運営のつたなさや相次ぐ不祥事で勢いを失い、だめ押しに自民党派閥の政治資金パーティーをめぐる裏金事件が直撃した。疑惑をめぐって松野博一官房長官ら政権中枢を担ってきた閣僚や自民党幹部が辞任に追い込まれた。松野氏は拉致問題担当相も兼ねていた。

北朝鮮は、いつまで続くかもわからない政権を相手にしようとは思わないだろう。本格的な交渉再開に向けては、日本の政局の安定も不可欠だ。

北朝鮮の行為は身勝手極まりない犯罪であり、許すことのできない暴挙である。核・ミサイル問題と合わせて、強い怒りや非難の声が上がるのは当然だ。だが、声高に「けしからん」と叫んでいるだけでは被害者は帰ってこない。

輸出入禁止や北朝鮮籍船舶の入港禁止といった独自制裁は一定の効果があり、今後の交渉でも有効なカードの一つになる。一方で、交渉の行方次第では、制裁解除の提案だけでは不十分で、より柔軟な対応が必要になることもあるだろう。

残念なのは、この問題をめぐって、気に入らない意見を発した外交官や政治家、有識者らをつるし上げるように激しく批判する言論が目立ってきたことだ。北朝鮮で自由を奪われながらも、希望を捨てずに生きる被害者たちが、言論封殺のような風潮に賛同するとは思えない。イデオロギーや政治的な立場を超えて、この困難な問題の解決策を探るべく知恵を出し合ってほしい。

本書の解説は、外務省でアジア大洋州局長や事務次官などを歴任された斎木昭隆さんにお願いした。外交官として豊富な経験をお持ちの斎木さんは、対北朝鮮外交にも長く従事された。その知見をぜひ、ご披露いただきたいと思ったからだ。退官後も中東調査会の理事長などとしてご活躍され、スケジュールに余裕がないなかでも「拉致問題を風化させてはならない」という思いに共感し、快くお引き受けいただいた。

なお、斎木さんは私が書いた本書の内容をオーソライズしたわけではないことを強調したい。あくまで個人としてのお考えを述べられたということをご理解いただきたい。

本書を出版するにあたっては、朝日新聞出版編集者の中島美奈さんに、企画段階から親身に相談にのっていただいた。政治部で同僚だった園田耕司さんや、社会部時代に事件記者としての心構えを教えてくれた大先輩の吉田伸八さんには、本の構成や追加取材などでご協力、アドバイスをいただいた。皆様にこの場を借りてお礼を申し上げる。

2024年1月

鈴木拓也

【参考文献】

安倍晋三『安倍晋三回顧録』中央公論新社、2023年
有田芳生『北朝鮮 拉致問題 極秘文書から見える真実』集英社新書、2022年
礒﨑敦仁『北朝鮮と観光』毎日新聞出版、2019年
清水惇『北朝鮮 情報機関の全貌 独裁政権を支える巨大組織の実態』光人社、2004年
瀬川高央『核軍縮の現代史』吉川弘文館、2019年
田中均『外交の力』日本経済新聞出版社、2009年
田中均『プロフェッショナルの交渉力』講談社、2009年
田中均『見えない戦争(インビジブルウォー)』中公新書ラクレ、2019年
田中均、田原総一朗『国家と外交』講談社、2005年
チョユニョン『北朝鮮のリアル 住民・脱北者の証言から読む金正恩体制の明日』東洋経済新報社、2012年
太永浩『三階書記室の暗号 北朝鮮外交秘録』文藝春秋、2019年
中川雅彦編『国際制裁と朝鮮社会主義経済』アジア経済研究所、2017年
蓮池薫『半島へ、ふたたび』新潮文庫、2012年
蓮池薫『拉致と決断』新潮文庫、2015年
玄成日『北朝鮮の国家戦略とパワーエリート 幹部政策を中心に』北朝鮮難民救援基金翻訳チーム訳、高木書房、2016年
平岩俊司『北朝鮮 変貌を続ける独裁国家』中公新書、2013年

藤本健二『北の後継者キム・ジョンウン』中公新書ラクレ、２０１０年
牧野愛博『金正恩の核が北朝鮮を滅ぼす日』講談社＋α新書、２０１７年
三村光弘『現代朝鮮経済　挫折と再生への歩み』（ＥＲＩＮＡ北東アジア研究叢書６）日本評論社、２０１７年
薮中三十二『国家の命運』新潮新書、２０１０年
薮中三十二『日本の針路　ヒントは交隣外交の歴史にあり』岩波書店、２０１５年
薮中三十二『外交交渉四〇年　薮中三十二回顧録』ミネルヴァ書房、２０２１年
横田早紀江『めぐみ、お母さんがきっと助けてあげる』草思社文庫、２０１１年
和田春樹『北朝鮮現代史』岩波新書、２０１２年

解説

斎木昭隆・元外務省事務次官
（中東調査会理事長、日印協会理事長）

2002年9月17日に小泉純一郎内閣総理大臣が訪朝し、初の日朝首脳会談が開かれた。金正日総書記は日本人拉致を認め、被害者5人が帰国した。22年前は、北朝鮮が日本と国交正常化を急がなければならない政策転換を迫られていた。前年9月の米同時多発テロを契機に、米ブッシュ政権はテロとの戦いを進め、イラク、イランと並んで北朝鮮を「悪の枢軸」と名指しした。北朝鮮としては一種の政策転換だが、敵対する日本と直接、トップ同士で話し合い、国交正常化を目指すことにした。北朝鮮の存立のために必要と判断したのだろう。国交のない国への現職総理大臣の訪問は、前例のない、画期的なことであった。

米国の同盟国の日本としては、北朝鮮との直接交渉に持ち込み、核・ミサイルという脅威を取り除き、拉致問題の解決を迫る好機だった。首脳会談が実現したのは、外務省の田中均・アジア大洋州局長が水面下で1年ほど北朝鮮側と話し合いを続けた結果だ。相手は最後まで名前を名乗らなかったため、「ミスターX」と呼ばれたが、北朝鮮のトップが交渉役として指名した人物と判断できるほどに、相当の裁量を与えられていたと聞く。

交渉では当然ながら、拉致問題は避けて通れない、早急に解決すべき問題だという強い日本の意思をぶつけた。一定の手応えがあったので、外務省は小泉総理に訪朝を決断してもらった。5人の生存者が帰国したことは前進だったが、5人以外に生存者はいないという北朝鮮の主張は全く根拠がなく、日本の世論は強く反発した。

2004年11月に外務省の薮中三十二・アジア大洋州局長は同局審議官だった私を帯同して平壌に出張した際に、横田めぐみさんの元夫とされる人物から、めぐみさんの遺骨と称するものを渡されて持ち帰った。ところが、DNA鑑定でめぐみさんと異なる複数の人のDNAが採取され、日本の世論はより硬化した。一方で北朝鮮としては、日本の求めに応じて調査したのに、その結果を受け入れないという不満があったのだろう。相互不信の強まりは、交渉が進まない要因になっている。

2002年の日朝首脳会談の結果を受けて、外務省アジア大洋州参事官に就任直後の私は日本政府調査団を率いて同年9月末に訪朝した。その際には、めぐみさんの娘のキム・ウンギョンさんとも面会し、その時撮影した写真を、帰国後に横田さんのご両親、滋さんと早紀江さんに渡した。早紀江さんは「小さい頃の私の顔にそっくり」と喜ばれた。ウンギョンさんを日本に引き取り、ご夫妻と生活しながら大学に進学するプランがあり、北朝鮮側に打診もした。しかし、ウンギョンさんが北朝鮮で大学に進学し、その話は立ち消えになった。

＊

2013年6月に外務省の事務次官に就任し、拉致被害者の帰国に向けた方策を模索しながら、ご夫妻がウンギョンさんにお会いできる機会も探った。そんな折、ウンギョンさんに娘が生まれたという情報が入ってきた。第三国での面会を当時の安倍晋三総理に相談したところ、「これは実現させましょう」と強い意向を示された。

早紀江さんは、被害者との再会を待ち続ける他の家族の気持ちを考えたときに、自分たちだけが孫やひ孫に会いに行っていいのかという葛藤があった。だが、家族会の方々は「行くべきだ」と早紀江さんの背中を押したと聞いた。

北朝鮮側は地理的に北朝鮮から近く、大使館もあるので、「モンゴルならいい」と言ってきた。総理に報告すると、「（モンゴルの）エルベグドルジ大統領に頼んでみる」と言われた。2013年9月に国連総会に出席した際、安倍総理はエルベグドルジ大統領に「大事な話があるから、東京に来てくれないか」と要請した。安倍総理は東京の私邸に招き、ご夫妻とウンギョンさんの面会のために力を貸してほしいと頼んだ。エルベグドルジ大統領は二つ返事で「日朝関係の役に立ちたいと思っていた。（モンゴルの）迎賓館があるから、好きなだけ使ってほしい」と快く引き受けてくれた。2014年3月に、横田さんご夫妻とウンギョンさんとの面会がついに実現した。

この面会を契機に、あらためて日朝間の交渉が進み、北朝鮮が被害者の再調査を約束したストックホルム合意に至った。北朝鮮は再調査のためのチームを作って、徹底的にやるという意思表示をしてきたので、期待した。だが、何度も督促をして、ようやく出してきた「調査結果」の内容は、日本側からすれば不十分なもので、受け取ることはできなかった。北朝鮮は十分な調査をせず、約束を果たさず、合意を反故《ほご》にした。

一方で北朝鮮は交渉の度に、2002年の首脳会談で小泉総理と金正日総書記が署名した日朝平壌宣言の有効性を確認している。この宣言は国交正常化前に拉致問題を解決することを求めている。家族会は、被害者の親世代が存命のうちに、全ての被害者の「即時一括帰国」を求めている。

＊

岸田文雄総理は昨年（2023年）5月に、日朝首脳会談を早期に実現するため「直轄のハイレベルで協議を行いたい」と表明した。しかし、最近のロシアと北朝鮮の急接近をみると、北朝鮮がすぐに日本に目を向けることはないだろう。9月に金正恩総書記が訪ロした際、プーチン大統領は厚遇した。ウクライナ戦で不足する弾薬などを北朝鮮に求めたのだろうが、「大国ロシア」

の指導者から手厚い歓待を受けた正恩氏の自尊心は満たされたはずだ。国際法を無視する無法者国家同士の野合と言える。2022年度はロシアで小麦が大豊作だった。ロシアは北朝鮮に食糧支援も持ちかけただろう。共通の「敵」である米国に対抗していくため、ロシアと北朝鮮は関係を深めていくと予測される。

ただ、岸田総理からの「直轄のハイレベル協議」の呼びかけに、北朝鮮は外務次官談話で応じた。拉致問題は「解決済み」との主張を繰り返したものの、「朝日両国が会えない理由はない」と含みを残した。

田中さんの交渉相手だった「ミスターX」は国家安全保衛部の副部長だったと言われている。彼は亡くなったようだが、その後も外務省はしばらくの間、同じ交渉ルートを維持してきた。私が事務次官を退任した後にどうなったのかは知る立場にないのでわからないが、その交渉ルートがなくなったとしても、向こうのトップが日本との交渉を真剣に動かすという気持ちがあれば、自分の代理としての交渉役を指名し、日本にアプローチを図ってくるはずだ。

北朝鮮は対ロ関係や2024年秋の米大統領選の結果などを見つつ、今後、日本との対話を探る可能性はあると思う。独裁体制で意思決定に関わる人の数が少ない分、世界情勢の変化に合わせた方針転換の判断は早い。

交渉が再び始まったら、日本政府は、まずは日朝平壌宣言をお互いに遵守することを確認するところから始めるべきだろう。そのうえで、拉致被害者の即時一括帰国を求めつつ、核・ミサイル問題とともに包括的な解決に導けるように努力してもらいたい。

有史以来、特に明治以降、日本が近代化を進めてきた過程で、中国大陸や朝鮮半島とどのような関係をもつかは、国家の外交・安全保障政策の中で最も重要な課題の一つであり続けている。共産主義を奉じつつ、家父長的な独裁体制である北朝鮮との善隣友好関係を築くことは、果たして可能なのか？　核開発を進め、弾道ミサイルを頻繁に発射して、日本を含む近隣諸国を威嚇《いかく》する北朝鮮は、明らかに日本の安全保障上の深刻な脅威である。

北朝鮮が今後どのような政治体制になっていくにしても、その敵対的で偏狭な対日姿勢を転換しないかぎり、日朝関係の正常化への道のりは遠くて険しいであろう。


鈴木拓也氏から、本書の解説を頼まれたので、快諾した。鈴木氏とは十数年の長い付き合いになるが、韓国に留学した後、特派員として勤務し韓国語に堪能な彼は畏友である。常に課題と冷静かつ真剣に向き合い、彼が所属する新聞社の立場とは異なる、ジャーナリストとしての温かさを保ちながら、丹念に取材を重ねる鈴木氏の姿勢に私は一目を置いてきている。本書は、拉致問題をめぐる日朝関係の難しさを理解する上で、必読すべき好著だと思う。

鈴木拓也（すずき・たくや）
朝日新聞元ソウル特派員
1975年、神奈川県生まれ。産経新聞を経て、2003年に朝日新聞入社。社会部で警視庁捜査1課、政治部で首相官邸や外務省などを担当。2019年12月～2023年3月、ソウル支局に赴任。日韓関係や北朝鮮問題を中心に取材を続けてきた。

当事者《とうじしゃ》たちの証言《しょうげん》で追《お》う
北朝鮮《きたちょうせん》・拉致《らち》問題《もんだい》の深層《しんそう》

2024年2月28日　第1刷発行

著　者　鈴木拓也
発行者　宇都宮健太朗
発行所　朝日新聞出版
〒104-8011 東京都中央区築地5－3－2
電話 03-5541-8832（編集）
03-5540-7793（販売）
印刷製本　株式会社 加藤文明社

Published in Japan by Asahi Shimbun Publications Inc.
ISBN978-4-02-251966-5
定価はカバーに表示してあります。
落丁・乱丁の場合は弊社業務部（電話03-5540-7800）へご連絡ください。
送料弊社負担にてお取り替えいたします。